Peter Burke
Soziologie und Geschichte

Peter Burke

Soziologie und Geschichte

Aus dem Englischen von Johanna Friedman

Sammlung Junius

Inhalt

Vorwort
7

Kapitel I
Soziologen und Historiker
9
Ein Dialog unter Tauben *9*
Die unterschiedliche Entwicklung von
Geschichte und Soziologie *12*
Der Aufstieg der Sozialgeschichte *25*
Die Annäherung zwischen Soziologie und Geschichte *31*

Kapitel II
Gesellschaftsstrukturen
37
Die vergleichende Methode *39*
Geschichte, Modelle und Typen *43*
Erhebungsanalyse *46*
Struktur und Funktion *53*
Soziale Rolle *65*
Verwandtschaft und Familie *70*
Sozialisation, Abweichung und soziale Kontrolle *73*
Soziale Klasse und Schichtung *80*
Soziale Mobilität *91*
Bürokratie *95*
Patrone, Klienten und Cliquen *98*
Mentalität und Ideologie *101*

Kapitel III
Sozialer Wandel
111
Spencers Modernisierungsmodell *113*
Das Marxsche Modell *125*
Vier Monographien auf der Suche nach einer Theorie *131*

Nachwort
Soziologie und Geschichte
in den achtziger Jahren
149

Bibliographie
167

Vorwort
von Peter Burke

Dies ist ein janusköpfiges Buch. Es blickt in zwei Richtungen zugleich. Denn es handelt nicht nur von Soziologen und Historikern, es ist auch für beide geschrieben. Deshalb habe ich versucht, nur sehr weniges als gegeben vorauszusetzen. Allerdings sollte der Leser rechtzeitig hinsichtlich der professionellen Vorbelastung des Autors aufgeklärt werden. Ich habe Geschichte studiert und bin immer noch als Historiker tätig. Mein Spezialgebiet ist die Kultur- und Sozialgeschichte Europas im 16. und 17. Jahrhundert. Meine Bemühungen um die Sozialgeschichte führten mich zur Beschäftigung mit der Soziologie und auch mit der Sozialanthropologie. Letztere spielt in diesem Essay eine wichtigere Rolle, als sein Titel vermuten läßt. Sehr viel verdanke ich einigen Soziologen und Sozialanthropologen an der University of Sussex und anderswo. Sie haben in mir das Verständnis für ihr Tun und für die Gründe ihres Tuns geweckt. Eine Menge verdanke ich auch einigen Kollegen unter den Historikern, die sich aus ähnlichen Motiven in die selbe Richtung bewegt haben. Von ihnen möchte ich Asa Briggs, Alan Macfarlane, Raphael Samuel und Keith Thomas nennen. Ebenfalls danken sollte ich John Barnes, Tom Bottomore, Stefan Collini und Keith Hopkins für ihre Kommentare zu meinem Rohmanuskript. Das Buch ist dem Soziologen gewidmet, von dem ich das meiste gelernt habe.

Kapitel I

Soziologen und Historiker

Ein Dialog unter Tauben

Zwischen Soziologen und Historikern herrschen nicht immer gutnachbarliche Beziehungen. Gewiß sind sie Vertreter von Nachbardisziplinen, denn in beiden Wissenschaften – und ebenso in der Sozialanthropologie – geht es um das gesellschaftliche Ganze und um den Gesamtbereich sozialen Verhaltens. Unter Soziologie kann man das Studium der menschlichen Gesellschaft verstehen, wobei verallgemeinernde Aussagen über ihre Struktur im Vordergrund des Interesses stehen. Auch der Geschichtswissenschaft geht es um menschliche Gesellschaften. Sie betont allerdings die Unterschiede zwischen diesen und die Veränderung innerhalb einer jeden von ihnen im Laufe der Zeit. Beide Ansätze ergänzen einander offensichtlich. Der Wandel spielt sich in Strukturen ab, und Strukturen wandeln sich. Nur durch Vergleich mit anderen Gesellschaften können wir feststellen, was an einer bestimmten Gesellschaft einzigartig ist.

Jede der beiden Disziplinen kann dazu beitragen, die jeweils andere vor einer Verengung des Blickwinkels zu bewahren. Historiker schweben in der Gefahr, einer Beschränktheit im eher wörtlichen Sinne anheimzufallen. Da sie sich auf eine bestimmte Region und Periode spezialisieren, gelangen sie leicht dahin, ihren Bereich als einmalig anzusehen, statt ihn als eine besondere Kombination von Elementen zu betrachten, deren jedes auch anderswo seine Parallelen hat. Soziologen dagegen leiden unter Beschränktheit in einem eher übertragenen Sinne, etwa wenn sie über »die Gesellschaft« nur aufgrund zeitgenössischer Erfahrungen generalisieren oder beispielsweise über den sozialen Wandel im Laufe von dreißig Jahren zu sprechen, ohne zugleich die langfristigen Entwicklungsprozesse ins Auge zu fassen.

Soziologen und Historiker sehen jeweils sehr deutlich den Splitter im Auge ihres Nachbarn. Unglücklicherweise aber neigen die Vertreter beider Disziplinen dazu, die Angehörigen der jeweils anderen mit Hilfe von recht kruden Stereotypen begreifen zu wollen. Zumindest in Großbritannien sehen viele Historiker in den Soziologen Leute, die das, was offen zutage liegt, mit Hilfe eines barbarischen und abstrakten Jargons beschreiben, die für Orte und Zeiten keinen Sinn haben, die Individuen in rigide Kategorien pressen und – um dem Ganzen die Krone aufzusetzen – dies auch noch für »wissenschaftlich« halten. Die Soziologen ihrerseits betrachten Historiker oft als amateurhafte, kurzsichtige Tatsachensammler ohne Methode. Der Unbestimmtheit ihrer Daten entspricht einzig ihre Unfähigkeit, sie zu analysieren. Kurzum: obwohl es einige wenige Leute gibt, die sozusagen die Sprache beider Fächer verstehen und verwenden – und deren Arbeiten auf den folgenden Seiten häufig erwähnt werden sollen –, sprechen Soziologen und Historiker im allgemeinen noch nicht dieselbe Sprache. Das Gespräch zwischen ihnen stellt mit den Worten des französischen Historikers Fernand Braudel gewöhnlich immer noch »einen Dialog unter Tauben« dar.

Vielleicht ist es nützlich, Historiker und Soziologen einmal soziologisch zu betrachten, in ihnen nicht nur unterschiedliche Professionen, sondern auch bestimmte Subkulturen zu sehen, mit jeweils eigenen Sprachen, Werten und Denkstilen, die wiederum durch unterschiedliche Ausbildungs- oder »Sozialisations«-Prozesse verstärkt werden. Die Soziologen lernen es, sich mit Zahlenreihen und Statistiken zu beschäftigen, während viele Historiker sich davor drücken und ihre Schlüsse aus Worten zu ziehen suchen. Die Soziologen lernen es, Regeln zu erkennen und zu beachten, und neigen oft dazu, Ausnahmen zu ignorieren. Die Historiker dagegen werden dazu angehalten, sich den Einzelheiten zu widmen, und oft gelingt es ihnen dann nicht, allgemeine Muster zu sehen. Einen ähnlichen Gegensatz hat man zwischen dem Stand der Historiker und dem der Anthropologen sehen wollen (Cohn 1962; Erikson 1970; Dening 1971-73).

Historisch betrachtet lassen sich beide Seiten Anachronismen zuschulden kommen. Soziologen scheinen die Geschichtswissenschaft so zu betrachten, als befinde sie sich immer noch in der von Ranke geprägten Epoche, in der es nur darum ging, zu erzählen, »wie es eigentlich gewesen ist«. Historiker sehen dagegen die Soziologie oft so, als sei die von Comte beherrschte Phase noch nicht vorbei, in der großartige Verallgemeinerungen ohne empirische Forschung im Vordergrund standen. Beide Fachgebiete haben jedoch seit der Mitte des 19. Jahrhunderts große Veränderungen durchgemacht. Auf welche Weise und aus welchen Gründen haben die beiden Subkulturen sich entwickelt? Dies ist eine historische Fragestellung, und im folgenden Kapitel will ich versuchen, sie historisch zu beantworten. Dabei wird es sich um eine vorläufige Antwort handeln, denn eine wirklich geschichtswissenschaftlichen Ansprüchen genügende Historie der Soziologie ist noch nicht geschrieben worden (für die britische Seite der Angelegenheit vgl. Burrow 1966; Collini 1978).

Die unterschiedliche Entwicklung von Geschichte und Soziologie

Im 18. Jahrhundert gab es aus einem ganz einfachen und offensichtlichen Grunde keine Debatten zwischen Soziologen und Historikern: die Soziologie als gesonderte Disziplin existierte noch gar nicht. Montesquieu, Adam Ferguson und John Millar werden inzwischen von Soziologen häufig ihrer Disziplin zugerechnet, ja manchmal werden sie sogar als »Gründerväter« der Soziologie bezeichnet. Diese Etikettierung ist jedoch irreführend (das gilt auch, wenn sie auf Marx, Durkheim oder Weber angewandt wird). Denn durch sie entsteht der Eindruck, daß diese Männer bewußt eine neue Disziplin begründen wollten. Eine derartige Absicht haben sie jedoch nie zum Ausdruck gebracht.

Weniger irreführend ist es wohl, wenn man Montesquieu, Ferguson und Millar als Sozialtheoretiker bezeichnet, denn *De l'esprit des lois* (1748), der *Essay on the History of Civil Society* und die *Observations on the Distinctions of Ranks* sind allesamt vergleichende und analytische Werke, in denen es nicht so sehr um politische als um soziale Theorie geht, um die »Philosophie der Gesellschaft«, um es mit Millars Worten zu sagen. Jedoch kann man die drei Genannten ebensogut als analytische oder — in der Terminologie des

18. Jahrhunderts – »philosophische« Historiker betrachten. Alle drei belegen ihre Aussagen sehr weitgehend mit historischem Material, alle drei haben auch historische Monographien verfaßt: Montesquieu über die Größe und den Untergang Roms, Ferguson über »Entwicklung und Ende der Römischen Republik« und Millar über das Verhältnis zwischen Regierung und Gesellschaft von der angelsächsischen Zeit bis zur Herrschaft Elisabeth I. Eine ganze Anzahl von Autoren ihrer Generation wandte sich von den politischen und militärischen Themen ab, die die traditionellen Gegenstände der Geschichtsschreibung dargestellt hatten, und interessierten sich mehr für die Gesetze und Sitten (»Manieren« pflegten sie diese zu nennen) sowie den Handel und die Künste, die Wirtschaft und die Geisteswissenschaften. So behandelte beispielsweise Voltaires *Essai sur les mœurs* (1756) das gesellschaftliche Leben in Europa seit der Zeit Karls des Großen. Voltaires Essay stützte sich nicht unmittelbar auf die Quellen, stellte aber eine kühne und originelle Synthese dar. Im Gegensatz dazu war Justus Mösers *Geschichte mit Urkunden* (1768) ein ganz und gar gelehrtenhaftes Werk, eine Lokalgeschichte auf der Basis von Originaldokumenten. Aber auch Möser hatte seinen Montesquieu gelesen und sich dadurch ermutigen lassen, die Institutionen Westfalens zu ihrer Umgebung in Beziehung zu setzen. So schuf er ein frühes Beispiel dafür, welchen Beitrag die Gesellschaftstheorie für die historische Forschung leisten kann. Gibbons *Decline and Fall of the Roman Empire* (ab 1776) verband die Sozialgeschichte des Römischen Reiches mit seiner politischen Geschichte. Das Werk verdankte sowohl Adam Ferguson als auch Adam Smith einiges.

Auch hundert Jahre später noch suchten Gesellschaftstheoretiker die Nähe zur Geschichtswissenschaft. Karl Marx diskutiert im *Kapital* und anderswo immer wieder und ausführlich historische Beispiele, während Friedrich Engels eine Monographie über den Deutschen Bauernkrieg von 1525 verfaßte. Das Werk beruhte allerdings nicht auf Originalforschungen, aber dieser Kritikpunkt kann auch gegen Tocquevilles *L'ancien régime et la révolution* vorgebracht werden. Dennoch ist dies ein bahnbrechendes Werk, das auf der Verarbeitung von Archivmaterialien aufbaut und gleichzeitig einen bedeutenden Beitrag zur Gesellschaftstheorie darstellt.

Zwar war Auguste Comte weit weniger als Tocqueville oder Marx und Engels an der Untersuchung konkreter historischer Situationen interessiert, dennoch kann man sagen, daß sein Lebenswerk eine Philosophie der Geschichte darstellt. Er versuchte die Hauptentwicklungsrichtungen der Vergangenheit zu erkennen, bei denen er drei Zeitalter unterschied: die Stadien der Religion, der Metaphysik und der Wissenschaft. Comte glaubte, daß die Sozialgeschichte oder – um seine Worte zu verwenden – die »Geschichte ohne die Namen von Individuen, ja sogar ohne die Namen der Völker« unverzichtbar für das Studium dessen sei, was er als erster mit dem Wort »Soziologie« bezeichnete. Herbert Spencer veranschaulichte den Prozeß der sozialen Evolution mit Beispielen aus der Geschichte des alten Ägypten, des antiken Griechenland, Rußlands unter Peter dem Großen usw. Die »vergleichende Methode«, die Marx, Comte, Spencer und eine ganze Reihe ihrer Zeitgenossen anwandten, war eine historische Methode in dem Sinne, daß sie jede Gesellschaft, ja sogar jede Sitte und jedes Werkzeug in eine Zeitreihe einordneten, die von der »Urgesellschaft« zur Zivilisation reichte (Nisbet 1969).

Auf der anderen Seite nahmen die Historiker um 1850 die Sozialgeschichte weniger ernst, als das ihre Vorgänger um 1750 getan hatten. Kein Historiker jener Zeit genoß eine größere Verehrung als Leopold von Ranke. Dieser stand der Sozialgeschichte nicht feindselig gegenüber, aber seine zahlreichen Bücher konzentrierten sich auf den Staat, und die Sozialgeschichte fand in ihnen nur sehr wenig Beachtung. Zu Rankes Zeit und unter seinem Einfluß gewann die politische Geschichte wieder ihre alte Vorrangstellung zurück.

Es gab eine ganze Reihe von Gründen für diesen Rückzug aus dem Bereich des Sozialen. Die Revolution in der Geschichtswissenschaft, die man mit dem Namen Rankes verbindet, war eine Revolution der Methode. Jetzt bemühte man sich, Geschichte auf der Basis offizieller Dokumente objektiver oder »wissenschaftlicher« zu schreiben. Die Historiker entwickelten eine Anzahl ausgeklügelter Techniken zur Bewertung der Zuverlässigkeit dieser Dokumente. Sie verstanden es jetzt, das gefundene Material zu organisieren. Für jede Tatsache gab es einen Platz, und jede Tatsache stand an ihrem Platz in einer chronologischen Reihenfolge.

Dagegen machten die Arbeiten der Sozialhistoriker einen ganz unprofessionellen Eindruck. »Sozialgeschichte« ist wirklich ein zu präziser Ausdruck für das, was praktisch eine Residualkategorie war. G. M. Trevelyan bezeichnete die Sozialgeschichte einmal ausdrücklich als »Geschichte, bei der die Politik ausgelassen bleibt«. Das berühmte dritte Kapitel über die Gesellschaft des späten 17. Jahrhunderts in Macaulays *History of England* (1848) bezeichnete ein zeitgenössischer Rezensent nicht ganz zu Unrecht als »Trödlerladen«, denn die unterschiedlichen Themen – Straßen, Hochzeiten, Zeitungen usw. – folgten einander anscheinend ganz ungeordnet. Burckhardts *Kultur der Renaissance in Italien* (1860), die später als Klassiker anerkannt wurde, war zur Zeit ihrer Veröffentlichung wohl nicht zuletzt deshalb kein Erfolg beschieden, weil es sich um einen impressionistischen Essay auf der Basis von literarischen Quellen handelte, bei dem kaum offizielle Dokumente verwandt wurden. Als J. R. Green seine *Short History of the English People* (1874) veröffentlichte, die sich unter Vernachlässigung der Schlachten und Verträge auf das Alltagsleben konzentrierte, soll sein ehemaliger Lehrer E. A. Freeman dazu bemerkt haben: wenn Green all dieses »soziale Zeugs« ausgelassen hätte, würde er vielleicht eine gute Geschichte Englands geschrieben haben. Der französische Historiker Fustel de Coulanges, dessen Buch *La cité antique* (1860) sich hauptsächlich mit der Geschichte der Familie in Griechenland und Rom befaßte, stellte eine relative Ausnahme dar, denn er wurde von seinen Fachkollegen ernst genommen, obwohl er der Ansicht war, die Geschichte sei die Wissenschaft von den sozialen Tatsachen, also die wahre Soziologie.

Rankes Revolution der Geschichtswissenschaft hatte kurzum eine unbeabsichtigte, aber wichtige Konsequenz: Da die Quellenforschung sich am besten auf dem Gebiet der traditionellen politischen Geschichte betreiben ließ, machte die fast ausschließliche Anwendung dieser Methode die Historiker des 19. Jahrhunderts engstirniger und gewissermaßen auch altmodischer in der Wahl ihrer Themen als ihre Vorgänger im 18. Jahrhundert. Sie lehnten die Sozialgeschichte ab, weil sie ihnen nicht »wissenschaftlich« genug war.

Andererseits lehnten viele Historiker die Soziologie ab, weil sie ihnen zu wissenschaftlich war, und zwar in dem Sinne, daß sie abstrakt und vereinfachend verfuhr und daher die Einzigartigkeit von Personen und Ereignissen nicht begreifen konnte. Diese Ablehnung wurde in den Arbeiten einiger deutscher Philosophen des späten 19. Jahrhunderts wie Dilthey und Windelband besonders deutlich. Dilthey betätigte sich gleichzeitig als Kulturhistoriker und als Philosoph. Er betrachtete die Soziologie von Comte und Spencer als pseudo-wissenschaftlich und machte den berühmten Unterschied zwischen den Naturwissenschaften, die von außen zu *erklären* versuchten, und den Geisteswissenschaften, darunter auch der Geschichte, die von innen heraus zu *verstehen* suchten (Dilthey 1883). Windelband machte den gleichermaßen berühmten Unterschied zwischen der »idiographischen« Geschichte, der es um das Einzigartige gehe, und der »nomothetischen« Naturwissenschaft, der es um die Aufstellung allgemeiner Gesetze gehe (Windelband 1894). Der führende englische Vertreter dieser Ansicht, der Philosoph und Historiker R. G. Collingwood, formulierte den Unterschied zwischen dem Historiker und dem Philosophen 1935 folgendermaßen:

»Wenn ein Naturwissenschaftler fragt: ›Warum wird ein Streifen Lackmuspapier rosa?‹, dann meint er: ›Bei welcher Gelegenheit werden Lackmusstreifen rosa?‹ Wenn ein Historiker fragt: ›Warum hat Brutus den Caesar erdolcht?‹, dann meint er ›Welche Gedanken haben Brutus veranlaßt, Caesar zu erstechen?‹«

Bei dieser Betrachtungsweise ist die Soziologie notwendigerweise eine Pseudowissenschaft, denn sie betrachtet den Menschen mit Methoden, die sich nur für das Studium der Natur eignen. Konsequenterweise ist in dieser Sicht auf der Weltkarte der Wissenschaften auch kein Platz für die Sozialgeschichte.

Aber die feindselige Reaktion auf die Sozialgeschichte kann nicht allein auf intellektuelle Gründe zurückgeführt werden. Die Vorherrschaft der politischen Geschichte im 19. Jahrhundert (oder – um es genauer zu sagen – ihre Rückkehr zur Vorherrschaft) verlangte geradezu nach soziologischer Analyse. Dazu sind hier zwei Feststellungen zu machen: Obwohl die soziale Rolle des »Historikers« eine lange Geschichte hat, die bis zu Herodot und vielleicht noch weiter in die Vergangenheit zurückreicht, erfuhr diese Disziplin erst im 19. Jahrhundert ihre Professionalisierung. Damals wurden die ersten Forschungseinrichtungen, wissenschaftliche Fachzeitschriften und Universitätsinstitute für Geschichte gegründet. Und zu dieser Zeit geschah es, daß der Historiker»stand« die Sozialgeschichte zurückwies (so wie es der Soziologen»stand« dann auch eine Generation später tat). Die Sozialgeschichte galt als nicht vereinbar mit den neuen professionellen Standards. Hinzu kommt als zweite Feststellung, daß es Regierungen gab, die die Geschichtswissenschaft als Mittel zur Förderung des einheitlichen Nationalgefühls betrachteten, als staatsbürgerliches Erziehungsinstrument oder – um es weniger freundlich auszudrücken – als Propagandamittel. Zu einer Zeit, da die neuen Staaten Deutschland und Italien (und sogar ältere Staatsgebilde wie Frankreich und Spanien) durch lokale Traditionen zerrissen waren, erfüllte die Unterrichtung in Nationalgeschichte auf Schulen und Universitäten eine sozialintegrative Aufgabe. Natürlich war die Art von Geschichte, für die die Regierungen Geld auszugeben bereit waren, die Nationalgeschichte der Staaten. Insbesondere in Deutschland waren die Bindungen zwischen Geschichtswissenschaft und Staat sehr eng (Gilbert 1965; Moses 1975).

Die Sozialtheoretiker ihrerseits beschäftigten sich weiter mit der Geschichte, aber für die Historiker hatten sie nur wenig übrig. So sprach beispielsweise Comte mit Verachtung von den »bedeutungslosen Details, die in so kindischer Weise von der geistlosen Neugier blinder Kompilatoren steriler Anekdoten gesammelt« werden (Comte 1864). Herbert Spencer erklärte, die Soziologie stehe gegenüber der Historie da »wie ein Riesengebäude zu den es umgebenden Steinhaufen«. Ja, mehr noch: »Das äußerste, was die Geschichtswissenschaft leisten kann, ist es, das Leben der Nationen so darzustellen, daß dies als Material für eine vergleichende Soziologie dienen kann«. Wie ungeheuer weit entfernt ist diese Einstellung von der Zusammenarbeit zwischen Geschichtsphilosophen und Sozialphilosophen im 18. Jahrhundert. Hier werden die Historiker bestenfalls noch als Sammler von Rohmaterial für Soziologen betrachtet. Im schlimmsten Fall sind sie total irrelevant, weil sie nicht einmal die richtige Art von Steinen zu einem Haufen auftürmen. Um ein weiteres Mal Spencer zu zitieren: »Die Biographien der Monarchen (und unsere Kinder lernen kaum etwas anderes) werfen kaum irgendein Licht auf die Wissenschaft von der Gesellschaft« (Spencer 1911).

Zu Beginn des 20. Jahrhunderts nahmen die wichtigsten Sozialtheoretiker die Geschichte noch ernst, was immer sie auch von den Historikern halten mochten. Wie vor ihm Comte und Spencer scheint auch Emile Durkheim der Ansicht gewesen zu sein, daß an den Arbeiten der Historiker vieles wirklich bloß »eitle Gelehrsamkeit« sei. Dennoch glaubte er, daß die Beschäftigung mit der Vergangenheit für die Soziologie von Nutzen sein könne, und er stützte sich dabei in seinen Büchern *De la Division du travail social* (1893) und *Les formes élémentaires de la vie religieuse* (1912) auf die Arbeiten von Fustel de Coulanges, der sein Lehrer an der École Normale gewesen war. Durkheim schrieb selbst eine Geschichte des Erziehungswesens in Frankreich. In seiner Zeitschrift *Année sociologique* brachte er Besprechungen von Büchern zu historischen Themen, soweit sie sich nicht nur mit dem beschäftigten, was er als die »oberflächliche« Ereignisgeschichte bezeichnete. Sehr wahrscheinlich hätte er solchen französischen Historikern wie Lucien Febvre und Marc Bloch zugestimmt, die eine Generation nach ihm der Ereignisgeschichte eine Ablehnung erteilten (Ballah 1959; Momigliano 1970; Lukes 1973).

Bei Max Weber sind die Breite und Tiefe seines historischen Wissens wahrhaft phänomenal. Er schrieb Bücher über die Zünfte des Mittelalters und die römische Agrargeschichte, bevor er sich seiner berühmten Arbeit über die protestantische Ethik und den Geist des Kapitalismus widmete. Der große Kenner des Altertums Theodor Mommsen betrachtete Weber als einen würdigen Nachfolger. Als Weber sich der Theorie der Organisation von Wirtschaft und Gesellschaft zuwandte, gab er dennoch das Studium der Vergangenheit nicht auf. Aus der Geschichte übernahm Weber Material und von den Historikern Konzepte wie den »Patrimonialstaat« oder das »Charisma«. Den letztgenannten Begriff entnahm er Überlegungen des Kirchenhistorikers Rudolph Sohm zur Urkirche und wandte ihn in verallgemeinernder Weise an. Es überrascht nicht, daß der am stärksten historisch ausgerichtete unter den großen Soziologen ein Sohn der geschichtsbewußtesten Nation Europas war. In der Tat betrachtete sich Max Weber selber kaum als Soziologen. Gegen Ende seines Lebens, als er in München einen Lehrstuhl dieses Faches annahm, gab er den trockenen Kommentar ab, aufgrund seiner Ernennungsurkunde scheine er nun ein Soziologe zu sein (Bendix 1960; Mommsen 1974; Roth 1976).

Durkheim und Weber standen unter den Soziologen ihrer Epoche nicht allein da mit ihrem Interesse an der Geschichte. Tönnies beispielsweise hatte alte Geschichte studiert und bewahrte stets sein Interesse an der Vergangenheit. Pareto beschäftigte sich in seinem soziologischen Hauptwerk ausführlich mit der Geschichte Athens, Roms und Spartas im Altertum und entnahm auch der mittelalterlichen Geschichte Italiens zahlreiche Beispiele. Albion Small, der die Leitung der ersten soziologischen Abteilung an einer Universität der Vereinigten Staaten übernahm (1892 in Chicago), war vorher Professor der Geschichtswissenschaft gewesen. Wie Durkheim und Spencer stand auch Small der Historikerzunft kritisch gegenüber, dennoch beschäftigte er sich weiter wissenschaftlich mit der Vergangenheit. Auch die neue Disziplin der Anthropologie stand zu dieser Zeit der Geschichte nahe. Sir James Frazer, der den ersten Lehrstuhl für Sozialanthropologie in Großbritannien innehatte (1907/1908 als Gastprofessor in Liverpool) war ein früherer Althistoriker, der sich der vergleichenden Geschichte des primitiven Denkens zugewandt hatte. Franz Boas, der in den Vereinigten Staaten die ersten Universitätsinstitute für Anthropologie gründete (1888 an der Clark- und 1899 an der Columbia University), sah es als Aufgabe seines Faches an, sich der »Kulturgeschichte« der verschiedenen Stämme als Basis für allgemeine Erkenntnisse über die Entwicklung der Menschheit zu widmen.

Dann aber gaben ganz plötzlich, um das Jahr 1920,

Anthropologen und Soziologen die Beschäftigung mit der Vergangenheit auf. Der in Großbritannien ausgebildete Anthropologe Bronislaw Malinowski entdeckte und propagierte die Wichtigkeit dessen, was er als »Feldarbeit« bezeichnete. Damit war die Methode der teilnehmenden Beobachtung gemeint. Dabei handelte es sich keineswegs um etwas vollständig Neues. Boas hatte sich seit 1886 immer wieder lange beim Stamm der Kwakiutl aufgehalten, und Radcliffe-Brown hatte die Jahre 1906 bis 1908 auf den Andamanen-Inseln verbracht. Neu war nur Malinowskis mit Nachdruck vertretener Standpunkt, daß die Feldforschung *die* anthropologische Methode par excellence darstelle. »Der Anthropologe«, so forderte er, »muß seinen bequemen Platz im Sessel auf der Veranda räumen«. Die Feldarbeit wurde nun zur notwendigen Stufe im Ausbildungsgang eines jeden Anthropologen. Die neue Methode stellte – wie die Rankes in der Geschichtswissenschaft – einen Fortschritt hin zur Verwissenschaftlichung dar. Mit ihr konnte man die Stammesgesellschaften der Gegenwart zuverlässiger untersuchen als mit den weitgehend auf Mutmaßungen beruhenden Methoden der Evolutionsgeschichte der unmittelbar vorangehenden Zeit. Aber die Feldforschung konnte nicht zur Untersuchung der Vergangenheit dienen.

Auch Soziologen gingen jetzt mehr und mehr dazu über, ihre Daten der Gesellschaft der Gegenwart zu entnehmen. Dabei benutzten sie teils offizielle Statistiken, teils führten sie eigene Erhebungen durch. Durkheims *Le Suicide* (1897) ist ein Beispiel für den erstgenannten Ansatz. Die Arbeiten der Chicagoer Soziologen der zwanziger Jahre stehen für den zweiten. Mitarbeiter des Soziologischen Instituts der University of Chicago untersuchten ihre Stadt, insbesondere deren Slums, im Rahmen einer Feldforschung, als seien sie Sozialanthropologen. Die Leiter dieses Projekts, Robert Park und Ernest Burgess, eiferten ganz bewußt Franz Boas nach. Ihre Methode wurde bald auch anderswo von Soziologen nachgeahmt.

Es gab verschiedene Gründe für diese fundamentale Verlagerung zur Beschäftigung mit der Gegenwart auf Kosten der Vergangenheit. Einer dieser Gründe war ganz praktischer Natur. Da die Historiker die Soziologen nicht mit dem von diesen benötigten Rohmaterial versorgt hatten, mußten es die Soziologen notgedrungen selber herbeischaffen. Je mehr Material sie sammelten, um so leichter fiel es ihnen, auf der Grundlage ihrer eigenen Studien zu theoretischen Verallgemeinerungen zu gelangen, und um so weniger Zeit blieb ihnen dafür, die Literatur außerhalb »ihres« Fachgebietes zu verfolgen. Ihre Disziplin wurde so gleichzeitig immer stärker institutionalisiert und professionalisiert. Mit wachsendem professionellem Selbstbewußtsein waren die Soziologen immer weniger willens, von »fremdem« Material abzuhängen, ganz gleich, ob dies nun ethnographischer oder historischer Natur war.

Diese Veränderungen innerhalb der Fachdisziplin gingen einher mit einigen mehr allgemeinen intellektuellen Entwicklungen. Erklärungen für Sitten oder soziale Institutionen aufgrund der Vergangenheit, etwa durch Begriffe der sozialen Evolution und gesellschaftlichen Verbreitung, wurden ersetzt durch Erklärungen für die gesellschaftlichen Funktionen dieser Sitten und Institutionen in der Gegenwart. Die historischen Erklärungsweisen kritisierte man nun zunächst als spekulativ und tat sie dann als irrelevant ab. Durkheim noch hatte einen funktionalistischen Ansatz mit einem Interesse an der Geschichte verbunden, aber die späteren Funktionalisten wie etwa Malinowski ließen die Geschichte dann ganz außer acht. Nach Malinowski war die Geschichte »tot und begraben«, nur die Vorstellung von der Vergangenheit spielte noch eine Rolle, denn diese Vorstellung war ein Bestandteil »der psychologischen Realität von heute« (Malinowski 1946). Um uns einen Moment lang einmal der funktionalistischen Ausdrucksweise zu bedienen: der Funktionalismus paßte gut zu den neuen Methoden der Feldarbeit. Der neue Ansatz verbreitete sich von der Anthropologie zur Soziologie und beherrschte diese schließlich. Das war insbesondere in den Vereinigten Staaten der Fall. Der Versuch, die Soziologie zu einer »Verhaltenswissenschaft« zu machen, um einen Modeausdruck der fünfziger Jahre zu gebrauchen, vergrößerte nur die Distanz zwischen Soziologen und Historikern. Die Soziologie war nun zu einer Disziplin geworden, in der gezählt und gemessen wurde, wo immer das möglich war (und – man ist versucht hinzuzufügen – auch da, wo das nicht möglich war).

Zu keiner Zeit jedoch gaben die Soziologen die Beschäftigung mit der Geschichte ganz auf. So bediente sich beispielsweise in den zwanziger Jahren Karl Mannheim bei seiner Wissenssoziologie geschichtswissenschaftlicher Methoden. In den dreißiger Jahren untersuchte Robert Merton die Verbindungen zwischen Puritanismus und Naturwissenschaft im England des 17. Jahrhunderts. Dabei handelte es sich um eine historische Fallstudie, die der Tradition Max Webers verpflichtet war. Gleichzeitig schrieb Norbert Elias, ein Schüler von Mannheim, seine große Untersuchung *Über den Prozeß der Zivilisation*, ein Buch, das man wohl am besten als eine soziologische Interpretation der europäischen

Geschichte seit dem Mittelalter beschreiben kann. 1941 veröffentlichte George Homans ein Werk unter dem Titel *English Villagers of the Thirteenth Century.* All dies waren bedeutsame Werke. Aber ihre Autoren schwammen gegen den Strom.

Ironischerweise verloren die Soziologen gerade zu der Zeit das Interesse an der Vergangenheit, als die Historiker damit begangen, so etwas wie die »Naturgeschichte der Gesellschaft« zu schaffen, die Spencer gefordert hatte.

Der Aufstieg der Sozialgeschichte

Ende des 19. Jahrhunderts gab es einige Berufshistoriker, die über die Vorherrschaft des Politischen nicht glücklich waren. Am deutlichsten in dieser Hinsicht wurde Karl Lamprecht. Er kritisierte das Establishment der deutschen Historiker wegen der Überbetonung der politischen Geschichte und der Geschichte der großen Männer. Dagegen forderte er eine »Kollektivgeschichte«, die ihre Konzepte auch aus anderen Wissenschaftsdisziplinen übernehmen sollte. Zu diesen anderen Disziplinen zählte er die Sozialpsychologie von Wundt (der ein Lehrer von Durkheim und Malinowski war) und die »Humangeographie« von Ratzel. Wundt und Ratzel waren Kollegen von Lamprecht an der Universität Leipzig. »Die Geschichte«, so erklärte Lamprecht in der für ihn typischen Deutlichkeit, »ist in erster Linie eine sozialpsychologische Wissenschaft«. In seiner vierbändigen *Deutschen Geschichte* (1891-1909) wandte Lamprecht seinen sozialpsychologischen Ansatz dann an. Dieses Werk wurde in Durkheims *Année sociologique* mit großer Zustimmung besprochen, aber die orthodoxen deutschen Historiker machten sich darüber eher lustig, als daß sie es ernsthaft kritisierten. Sie wiesen Lamprecht seine in der Tat zahlreichen Ungenauigkeiten nach und warfen ihm »Materialismus« und »Einseitigkeit« vor. Lamprechts oft grobe Formulierungen boten der Kritik zahlreiche Angriffsflächen. Aber die Heftigkeit der Kontroverse um Lamprecht legt doch die Annahme nahe, daß seine wirkliche Sünde darin bestand, die Methode der Geschichtsschreibung der Ranke-Schule in Frage gestellt zu haben. Der Verwaltungshistoriker Otto Hintze spielte insofern eine Sonderrrolle unter Lamprechts Kritikern, als er zwar im einzelnen Beanstandungen vortrug, aber doch insgesamt Lamprechts Art der Geschichtsschreibung als »Fortschritt über Ranke hinaus« befürwortete: »Wir wollen nicht nur die Ketten und Gipfel, sondern auch die Sockel und Berge kennenlernen, nicht nur die Höhen und Tiefen auf der Erdoberfläche, sondern die gesamte Kontinentalmasse« (Hintze 1897).

Um das Jahr 1900 dachten die meisten deutschen Historiker keineswegs daran, über Ranke hinauszugehen. Als Max Weber seine große Untersuchung über Protestantismus und Kapitalismus durchführte, konnte er sich auf die Arbeiten von einigen seiner deutschen Kollegen stützen, aber es ist wohl bezeichnend, daß die wichtigsten unter ihnen, nämlich Werner Sombart und Ernst Troeltsch, keine Historiker waren, sondern Lehrstühle für Ökonomie bzw. Theologie innehatten.

In Deutschland scheiterte Lamprecht, aber in den Vereinigen Staaten und Frankreich war dem Kampf für die Sozialgeschichte größerer Erfolg beschieden. Der amerikanische Historiker Frederick Jackson Turner griff in den neunziger

Jahren des letzten Jahrhunderts die Vorherrschaft der politischen Geschichte an. Er schrieb damals: »Alle Bereiche der menschlichen Aktivität müssen in Betracht gezogen werden. Kein Teilbereich des gesellschaftlichen Lebens kann von den anderen isoliert verstanden werden.« Wie Lamprecht war auch Turner von Ratzels Humangeographie stark beeindruckt. Sein Essay über die ›Bedeutung der Grenze in der amerikanischen Geschichte‹ stellte eine Kontroversen auslösende Interpretation der Entwicklung der Institutionen Amerikas als Reaktion auf eine besondere geographische und gesellschaftliche Umgebung dar. In anderen Teilen seines Werkes erörterte er die Bedeutung dessen, was er »Sektion« nannte, in der Geschichte Amerikas. Damit bezeichnete er Regionen wie Neu-England oder den Mittleren Westen mit ihren jeweiligen ökonomischen Interessenlagen und Ressourcen (Turner 1891, 1893, 1904).

Turners Zeitgenosse James Harvey Robinson war ein weiterer eloquenter Verfechter dessen, was er als die »neue Geschichte« bezeichnete; diese Art der Geschichtsschreibung interessierte sich für die gesellschaftlichen Entwicklungstendenzen und öffnete sich den Sozialwissenschaften. Robinsons Freund Charles Beard ließ sich von Turner – und von Marx – inspirieren, als er seine berühmte und ebenfalls umstrittene *Economic Interpretation of the Constitution of the United States* (1913) verfaßte. In dieser Schrift stellte er die These auf: »Die Trennungslinie für und gegen die Verfassung verlief zwischen im wesentlichen persönlichen Interessen auf der einen Seite und den Interessen der kleinen Landwirte und der Schuldner auf der anderen.« Daß die Sozialgeschichte sich in den Vereinigten Staaten eine feste Stellung geschaffen hatte, belegt auch die vielbändige *History of*

American Life, herausgegeben von Arthur Schlesinger sen., deren erster Band im Jahre 1927 erschien.

Auch in Frankreich kam es nach der Jahrhundertwende zu einer Konfrontation zwischen Historikern und Sozialwissenschaftlern. Damals griff der Ökonom François Simiand die »drei Götzenbilder der Zunft« an. Als diese drei Götzen betrachtete er die Politik, das Individuum und die Chronologie; insbesondere lehnte er die traditionelle Betonung der Ereignisgeschichte ab (mit einiger Verachtung bezeichnete er sie als *histoire événementielle*; Simiand 1903). Seine Kritik beantwortete Charles Seignobos mit der Erklärung, daß die »Geschichte die Wissenschaft vom Einzigartigen« sei (*l'histoire est la sience de ce qui n'arrive qu'une fois*). Die Verknüpfung einer Betonung der Wissenschaftlichkeit mit der Ablehnung von Verallgemeinerungen ist typisch für die Historiker jener Periode. Dennoch wurden Simiands Vorstellungen von einigen führenden Vertretern der nächsten Historikergeneration in Frankreich ernstgenommen.

In den zwanziger Jahren setzte dann eine Bewegung für eine »neue Art von Geschichte« ein. An ihrer Spitze standen zwei Professoren der Universität Straßburg: Lucien Febvre und Marc Bloch. Sie gründeten eine Zeitschrift, um ihre Art der Geschichtsbetrachtung zu fördern. Ihr gaben sie den Namen *Annales d'histoire économique et sociale*. Wie Lamprecht und Turner so lehnten auch Febvre und Bloch die Vorherrschaft der politischen Geschichte ab. An ihre Stelle sollte eine »breitere und menschlichere Geschichte« treten, die sich mit allen menschlichen Aktivitäten befassen sollte; hierbei sollte es weniger um die Schilderung der Ereignisse gehen als um »Strukturen«, ein Begriff, der seitdem ein Lieblingsschlagwort der französischen Historiker geworden ist.

Febvre und Bloch verlangten beide von den Historikern, daß sie von den benachbarten Disziplinen lernen sollten. Febvre interessierte sich wie Lamprecht für Sozialpsychologie und Humangeographie, wobei er allerdings weit weniger zum Determinismus neigte als sein deutscher Kollege. Er beschäftigte sich intensiv mit Ratzels Schriften, lehnte sie dann aber zugunsten des stärker voluntaristischen Ansatzes des großen französischen Geographen Vidal de la Blanche ab. Bloch interessierte sich stärker für Durkheims Soziologie und teilte dessen Interesse an sozialer Solidarität und »kollektiver Repräsentation«. Gleichzeitig befürwortete er Durkheims vergleichende Methode. Bloch wurde 1944 von den Deutschen erschossen. Febvre überlebte den Zweiten Weltkrieg und erlangte eine hochangesehene Stellung in der Geschichts- *und* in der Sozialwissenschaft Frankreichs. Er wurde Präsident der neu gebildeten Ecole des Hautes Etudes en Sciences Sociales (zur »Annales«-Schule vgl. Hughes 1969; Iggers 1975).

Febvres Nachfolge übernahm Fernand Braudel, ein Historiker, der die Ansicht vertritt, Geschichte und Soziologie stünden sich besonders nahe, da die Vertreter beider Disziplinen versuchen oder versuchen müßten, die menschliche Erfahrung als Ganzes zu betrachten (Braudel 1955). Braudels *La Méditerranée et le monde méditerranéen à l'époque de Philippe II* (1949), eine »Gesamtgeschichte« (*histoire globale*), die sich mit Geographie, Gesellschaft und Politik, mit Strukturen und Ereignissen befaßt, hat gute Aussichten, einmal für das bedeutendste geschichtswissenschaftliche Werk dieses Jahrhunderts gehalten zu werden. Ihre Zusammenarbeit an der Ecole des Haute Etudes führte zu einem ständigen Gespräch zwischen französischen Soziologen,

Anthropologen und Historikern. Dies geschah zu einer Zeit, da solche Gespräche anderswo schwierig waren. Dennoch scheinen die französischen Historiker viel mehr von den Geographen als von den Soziologen gelernt zu haben (Planhol 1972).

Frankreich und die Vereinigten Staaten sind die beiden Länder, wo die Sozialgeschichte schon relativ lange ernstgenommen wird und die Beziehungen zwischen Soziologie und Geschichte besonders eng gewesen sind. Dies soll allerdings nicht heißen, daß nicht auch anderswo ähnliches geschah. So gibt es etwa in Japan eine bedeutsame Tradition der Sozialgeschichte. Eijirō Honjō, ein Historiker, dessen Werke in Englisch vorliegen, arbeitete in den dreißiger Jahren über die Geschichte des Tokugawa-Japan. In Brasilien arbeitete Gilberto Freyre, den man als Grenzgänger zwischen Soziologie und Geschichte bezeichnen kann. Freyres Untersuchung *Casa Grande e Senzala* (1933) beschäftigte sich mit der Plantagengesellschaft des brasilianischen Nordostens, aus dem der Autor stammte. Das Werk nimmt inzwischen einen klassischen Rang ein. In Großbritannien gelangte die Sozialgeschichte als Anhängsel der Wirtschaftsgeschichte an die Universitäten. Zwar ist sie bis heute noch nicht unumstritten anerkannt, aber eine so bedeutende Untersuchung wie J. L. und Barbara Hammonds *The Village Labourer* stammt bereits aus dem Jahre 1911. Einige Althistoriker (wie Jane Harrison) machten sich Konzepte von Soziologen und Anthropologen wie Durkheim und Frazer zunutze, um eine Neuinterpretation der griechischen Kulturgeschichte zu leisten.

In diesem kurzen Abriß des Aufstiegs der Sozialgeschichte taucht bewußt ein Name nicht auf, den man erwartet haben mag: Karl Marx. Obwohl sich Marx persönlich, wie bereits erörtert, für Geschichte interessierte, scheint der Marxismus im Westen bis in die fünfziger Jahre hinein die Geschichtsschreibung nicht ernsthaft beeinflußt zu haben (dabei sehe ich von den Entwicklungen in der Sowjetunion ab). Obwohl es Ähnlichkeiten zwischen Marxens historischen Interessen und denen von Febvre, Bloch und Braudel gab – sie alle interessierten sich ja für die Totalität der Geschichte und die Beziehung zwischen Strukturen und Ereignissen –, scheint Marx dennoch von diesen französischen Sozialhistorikern nicht ernst genommen worden zu sein. In der ersten Hälfte des 20. Jahrhunderts gab es unter den führenden Historikern nur wenige Marxisten, wie etwa Halvdan Koht, dessen Buch über die Bauernaufstände in Norwegen 1926 erschien, und Jan Romein, der 1934 seine Sozialgeschichte der Niederlande veröffentlichte.

Die Annäherung zwischen Soziologie und Geschichte

Mitte des 20. Jahrhunderts gab es einen beachtlichen Bestand an sozialgeschichtlichen Werken, den die Soziologen hätten nutzen können, falls sie dies wünschten. Aber erst in den fünfziger Jahren und dann noch heftiger in den Sechzigern begannen Soziologie und Geschichte, sich einander anzunähern. 1954 gründeten zwei amerikanische Soziologen ein Komitee für »die soziologische Untersuchung historischer Dokumente«. Sie taten dies, wie sie selbst sagten, deshalb, weil ihr Interesse an Geschichte sie unter ihren Zunftkollegen »einsam und isoliert« machte (Cahnman und Boskoff 1964). Diese Isolierung sollte nicht lange anhalten.

Talcott Parsons, der einmal die Frage gestellt hatte: »Wer liest denn heute noch Spencer?«, interessierte sich nun für ein evolutionäres Modell des sozialen Wandels. Zwei der bekanntesten Monographien über historische Themen, die von amerikanischen Soziologen verfaßt wurden, gingen aus Dissertationen unter seiner Anleitung hervor: Robert Bellahs *Tokugawa Religion* (1957) suchte nach dem japanischen Äquivalent für die protestantische Ethik. Neil Smelsers *Social Change in the Industrial Revolution* (1959) behandelte die Familienstruktur und die Arbeitsbedingungen von Webern in Lancashire im frühen 19. Jahrhundert.

Aus dem dünnen Rinnsal der historischen Soziologie in den fünfziger Jahren ist inzwischen ein breiter Strom geworden. Zu den stark gerühmten amerikanischen Beiträgen zählen unter anderem: S. M. Lipset *The First New Nation* (1963), Charles Tilly *The Vendée* (1964), Barrington Moore *Social Origins of Dictatorship and Democracy* (1966) und Immanuel Wallerstein *The Modern World System* (1974). Einige Sozialanthropologen haben sich in die gleiche Richtung bewegt. Als Beispiele seien hier genannt: Eric Wolf *Peasant Wars* (1969) und Anton Blok *The Mafia of a Sicilian Village* (1974).

Es gibt ganz offensichtlich Gründe für diese Rückwendung zur Geschichte. Der sich beschleunigende soziale Wandel zwang die Soziologen geradezu, diesem Wandel ihre Aufmerksamkeit zuzuwenden. Außerdem war seit der Durchsetzung des funktionalistischen Ansatzes in den zwanziger Jahren genug Zeit vergangen, diesen nach allen Seiten hin anzuwenden und dabei auch seine Mängel festzustellen. Hier sei nur die Gefahr genannt, die darin besteht, das soziale Leben von außen zu studieren, ohne die Absichten der

»Akteure« oder ihre Situationsbestimmungen in Betracht zu ziehen. Soziologen, die sich mit den Ansichten der Akteure beschäftigen, stehen – ganz gleich ob sie sich »Phänomenologen«, »symbolische Interaktionisten« oder sonstwie nennen – viel stärker als die Funktionalisten den Historikern nahe, die niemals den Versuch aufgegeben haben, die Vergangenheit mit den Augen der jeweiligen Zeitgenossen zu betrachten. Für einen Historiker liegt in dieser Hinsicht die Versuchung nahe, anzumerken, daß die Soziologen nun ihrerseits gerade das entdeckt haben, was die Historiker immer schon getan haben. Aber der Historiker muß auch zugeben, daß die Soziologen diesen Ansatz nun mit der ihnen eigenen Zähigkeit weiter vorantreiben.

Die Sozialanthropologen haben sich immer schon für die Vorstellungswelt jener Völker interessiert, die das Objekt ihrer Untersuchung darstellten, aber der schnelle soziale Wandel im Laufe der letzten Generation hat auch sie veranlaßt, sich wie die Soziologen nunmehr für den Prozeß des Wandels im Laufe der Zeit zu interessieren.

In der Zwischenzeit haben sich viele Historiker der Sozialgeschichte zugewandt und interessieren sich für die Soziologie. Trotz aller Bemühungen einiger Mitglieder der Zunft konnte der flutartige Aufstieg der Sozialgeschichte nicht eingedämmt werden. Und auch für diese Tatsache mag eine soziologische Erklärung angebracht sein. Um in einer Zeit schnellen sozialen Wandels eine Orientierung zu finden, haben es einige Leute für nützlich gehalten, sich näher mit der Vergangenheit zu beschäftigen – und zwar mit der sozialen Vergangenheit.

Der Aufstieg der Sozialgeschichte verlangt immer stärker nach einer Antwort auf die Frage »Was ist eigentlich

Sozialgeschichte?« Als die politische Geschichte noch vorherrschte, da genügte es vielleicht noch, die Sozialgeschichte als Geschichte ohne Berücksichtigung von Politik zu definieren. Eine derartige Residualdefinition ist inzwischen nutzlos geworden. Diese nur einen »Rest« behandelnde Sozialgeschichte ist oftmals als »rückgratloses« Wissenschaftsgebiet kritisiert worden, das jeden Systems und jeder Struktur entbehre. Ihr wurde — mit anderen Worten — vorgeworfen, daß es dieser Wissenschaft an jeglichem Werkzeug mangele, die verschiedenartigen Bruchstücke an Information über das gesellschaftliche Leben in der Vergangenheit zu einer zusammenhängenden Beschreibung, Darstellung oder Analyse zu verbinden. Von daher rühren auch die zeitgenössische Kritik an Macaulays Sozialgeschichte als »altem Trödlerladen« und die zwar milderen, aber nicht weniger triftigen Kritiken an der Reihe *History of American Life* (Perkin 1953; Hofstadter 1968). Dies erklärt auch die Motive für das in letzter Zeit auftauchende Verlangen nach einer methodisch strenger vorgehenden Sozialgeschichte, ob sie nun als »sozialstrukturelle Geschichtsschreibung« oder als »Gesellschaftsgeschichte« oder sonstwie bezeichnet wurde (Laslett 1968, Hobsbawm 1971b).

Viele der Historiker, die sich für diese methodisch strenger vorgehende Art der Sozialgeschichte einsetzen, haben bei den Soziologen und Sozialanthropologen Konzepte und Methoden entliehen. Einige von ihnen haben das funktionalistische Konzept ironischerweise gerade zu einem Zeitpunkt übernommen, da Soziologen und Anthropologen in Erwägung ziehen, dieses aufzugeben. Ein derartiger Vorgang ereignet sich recht häufig in den Beziehungen zwischen Wissenschaftsdisziplinen. Heute interessieren sich viele Historiker für quanitative Methoden, die sich von der Wirtschaftsgeschichte (der »neuen Wirtschaftsgeschichte« oder »Kliometrie«) her verbreitet haben. Auch dies geschieht zu einer Zeit, da der Sinn quantitativer Methoden von vielen Sozialwissenschaftlern in Frage gestellt wird und Thema kontroverser Diskussionen geworden ist.

Was soll nun geschehen? An dieser Stelle muß der Autor wohl seine eigenen Wertvorstellungen und Neigungen offenlegen. Ich halte die Sozialgeschichte für ein wertvolles und faszinierendes Unternehmen; sie ist ebenso aller Mühen wert wie ihre älteren Schwestern, nämlich die politische und die Wirtschaftsgeschichte; für das Verständnis der Gegenwart ist sie ebenso notwendig wie ihre Vettern, die Soziologie und die Sozialanthropologie. Die Geschichte, die ich zu erzählen versucht habe, die Geschichte des Risses zwischen Geschichte und Soziologie, drängt die Frage auf: »Was ist denn eigentlich falsch gelaufen?« Nun will ich keineswegs die großen Verdienste der von Ranke begründeten Schule der politischen Geschichte und der von Malinowski begründeten Tradition der funktionalistischen Anthropologen und Soziologen leugnen. Es geht hier nur darum, die Aufmerksamkeit auf die Tatsache zu lenken, daß für diese Errungenschaften auch ein Preis zu zahlen war. Und es gibt keinen Grund, diesen Preis auch weiterhin zu zahlen. Was einige von uns anstreben, und was sich jetzt zu entwickeln beginnt, ist eine Sozialgeschichte oder eine historische Soziologie – dieser Unterschied wird irrelevant werden –, die sich jeweils für beides interessiert: das Verstehen von innen heraus und das Erklären von außen her, für das Allgemeine und für das Besondere. Sie wird schließlich den scharfen Sinn der Soziologen für Strukturen mit dem ebenso entwickelten Sinn der

Historiker für Veränderungen verbinden. Ich habe diesen Essay geschrieben, um zu einer Synthese dessen zu ermutigen, was allzu oft durch getrennte und sogar konfligierende Ansätze geprägt worden ist. In den folgenden Kapiteln geht es nun darum, so konkret und so genau wie möglich darzulegen, was Historiker und Soziologen voneinander lernen können.

Kapitel II

Gesellschaftsstrukturen

Es gibt eine ganze Reihe von Definitionen der Sozialgeschichte, die bestimmter sind als »Geschichte ohne Politik«. Man kann die Sozialgeschichte als Geschichte der gesellschaftlichen Beziehungen bezeichnen oder als Geschichte der sozialen Strukturen, man kann von Alltagsgeschichte oder Geschichte des Privatlebens sprechen, von der Geschichte der sozialen Solidaritäten oder der gesellschaftlichen Konflikte, man kann sie definieren als Geschichte der sozialen Klassen oder der gesellschaftlichen Gruppen, wobei man »beide als eigenständige oder voneinander abhängige Einheiten betrachten kann« (zu dieser letzten Definition vgl. Rüter 1956). All diese Definitionen sind keineswegs gleichbedeutend; einer jeden von ihnen entspricht ein anderer Ansatz mit seinen Vor- und Nachteilen. Aber es ist schwierig, irgendeinen dieser Ansätze weiter zu verfolgen, ohne einige Kenntnisse der Begriffe und der Sprache der Soziologie zu besitzen.

Damit sind wir wieder beim Problem des »Jargons«, von dem die Historiker behaupten, ihm würden die Soziologen in Schrift und Rede so oft anheimfallen. In Großbritannien sind die Intellektuellen in dieser Hinsicht eher geneigt als anderswo, da hier das Amateurideal des Gentleman überlebt hat, einander diese Sünde vorzuwerfen. Mit »Jargon« ist hier kaum mehr gemeint als die fremden Begriffe des anderen. Wenn man davon ausgeht, daß jedes Abweichen von der Alltagssprache seinen Preis hat, weil es die Kommunikation mit dem Normalleser erschwert, wenn man darüber hinaus annimmt, daß jedes Abweichen von der Normalsprache einer Rechtfertigung bedarf, so gibt es dennoch ein Minimum an Fachausdrücken der Soziologie, die die Historiker und insbesondere die Sozialhistoriker sehr wohl in ihren Sprachschatz aufnehmen sollten. Einige dieser Begriffe besitzen keine Entsprechung in der Alltagssprache – und wenn es kein Wort für etwas gibt, dann ist es allzu leicht, es gar nicht zur Kenntnis zu nehmen. Andere dieser Begriffe sind einfach präziser als ihre Entsprechungen in der Alltagssprache, und damit ermöglichen sie feinere Unterscheidungen und somit auch genauere Analysen als die Alltagssprache.

Hauptziel dieses Kapitels ist es daher, den Historikern, die dafür Verwendung haben, ein elementares Schlagwortverzeichnis der Soziologensprache zu liefern oder – anders ausgedrückt – einen grundlegenden Satz an begrifflichem Handwerkszeug für einige der häufigeren Pannen der historischen Analyse bereitzustellen. Da sich der Wert eines Begriffs in seiner Anwendung zeigt, soll jeder Begriff in einem Zusammenhang diskutiert werden, als werde er benutzt oder könnte benutzt werden zur Untersuchung konkreter historischer Probleme. Die Beispiele sollen in der Regel der Geschichte Europas im 16. und 17. Jahrhundert entnommen werden. Für diese Auswahl gibt es verschiedene Gründe: Es handelt sich um die Periode, die ich am besten kenne. Über diese Zeit haben die französischen Historiker der *Annales*-Schule am häufigsten geschrieben. Und es geht hier um die Geschichte einer relativ wohldefinierten Gruppe von vorindustriellen Gesellschaften. Da die Begriffe der Soziologie zum größten Teil nach der industriellen Revolution geprägt worden sind, bedeutet ihre Überprüfung in einem vorindustriellen Kontext einen Test für die Grenzen ihrer Anwendbarkeit, wobei sich möglicherweise sogar die Risse in der theoretischen Struktur offenbaren werden. Mit anderen Worten: Dieses Kapitel richtet sich ebenso an Soziologen wie an Historiker, setzt allerdings voraus, daß man die Annahme teilt, ein Fremder bemerke am ehesten die Mängel und Grenzen einer Sprache.

Natürlich sollte man dieses Spiel mit der Sprachmetapher nicht zu weit treiben. Die Soziologie ist ja nicht nur ein Vokabelverzeichnis, ein Lagerhaus voll nützlicher, neutraler Begriffswerkzeuge. Es handelt sich vielmehr um eine Wissenschaftsdisziplin, unter deren Vertretern große Uneinigkeit darüber herrscht, worin ihre Aufgabe besteht und wie sie diese angehen sollen. In der Tat kann man sich nur schwer einen Einwand gegen irgendeinen Ansatz der Soziologie vorstellen, den nicht bereits ein Soziologe vorgebracht hat.

Die vergleichende Methode

Die Soziologie bietet dem Historiker nicht nur Begriffe, sondern auch Methoden an: Umfrageanalysen, Strukturanalysen, Inhaltsanalysen usw. Eine der wichtigsten dieser Methoden ist die vergleichende Methode.

Historiker der alten Schule haben sich oft gegen Anleihen bei der Soziologie ausgesprochen, weil beide Disziplinen angeblich unvereinbare Ziele haben. Der Soziologie geht es

um die Begründung allgemeiner Gesetze, der Geschichte dagegen um das Besondere, das Unwiederholbare, das Einzigartige (Collingwood 1935; Elton 1967). Auf diesen klassischen Einwand gibt es die ebenso klassische Antwort, die Max Weber einst im Jahre 1914 dem konservativen deutschen Historiker Georg von Below gegeben hat, zwischen Below und ihm bestehe absolute Übereinstimmung, daß die Geschichte festzustellen habe, was etwa das Spezifische an der mittelalterlichen Stadt sei; aber dies sei nur möglich, wenn man zunächst herausfinde, was Städten anderer Epochen und Kulturkreise fehle (Roth 1976).
Anders ausgedrückt: der historische und der soziologische Ansatz ergänzen einander und hängen vom jeweils anderen ab, und beide verlangen mit Notwendigkeit nach der komparativen Methode. Man kann durchaus behaupten, daß Vergleiche in erster Linie deshalb nützlich sind, weil sie uns das zu sehen ermöglichen, was dem Augenschein nach nicht vorhanden ist. Bei der Suche nach Erklärungen sind Vergleiche ebenfalls nützlich. Wenn man sieht, was jeweils anders ist, dann ist es leichter, die Unterschiede zwischen zwei Gesellschaften zu erkennen. Aus diesem Grund nannte Durkheim die vergleichende Methode ein »indirektes Experiment«, ohne das es unmöglich sein würde, von der Beschreibung zur Analyse fortzuschreiten. Er unterschied zwei Hauptarten des Vergleichs, nämlich den zwischen Gesellschaften, die in der Grundstruktur übereinstimmen, und den zwischen grundverschiedenen Gesellschaften, aber beiden maß er ihren Wert zu (Durkheim 1895). Auch Weber verteidigte die vergleichende Methode nicht nur gegenüber Georg von Below, er praktizierte sie auch. Ja, er widmete einen Großteil seines wissenschaftlichen Lebens dem Versuch, die Beson-

derheiten der westlichen Zivilisation durch systematische Vergleiche, insbesondere zwischen Europa und Asien, zu bestimmen. Im Unterschied zu den Vergleichen von Comte, Marx und Spencer setzte Webers Ansatz keine geradlinige soziale »Evolution« voraus.

Einige wenige unter den führenden Historikern des 20. Jahrhunderts erlernten die vergleichende Methode von den Soziologen. Der preußische Historiker Otto Hintze, der eine Anzahl vergleichender Untersuchungen anstellte, darunter eine über den *commissarius* (einen Beamten, der vom Herrscher jederzeit absetzbar war) in verschiedenen Staaten Europas, bewunderte Webers Arbeiten sehr (Hintze 1919). Marc Bloch erlernte die vergleichende Methode bei Durkheim. Er definierte sie in ähnlicher Weise, dabei unterschied er Vergleiche zwischen benachbarten Gesellschaften von Vergleichen zwischen Gesellschaften, die räumlich und zeitlich weit voneinander entfernt sind. Und Bloch befürwortete sie aus ähnlichen Gründen, denn sie ermöglichten es dem Historiker, »bei der aufregenden Suche nach Gründen einen wirklichen Schritt nach vorn zu tun«. Zu seinen bekanntesten vergleichenden Studien zählten die über »the king's evil« im mittelalterlichen Frankreich und England und das Kapitel über Japan in seinem Buch über die Feudalgesellschaften in Europa. Bloch behauptete, daß Japan wie Westeuropa eine feudale Phase durchlaufen habe. Allerdings betonte er dabei sehr deutlich die Unterschiede hinsichtlich der gegenseitigen Verpflichtungen zwischen Lehnsherren und Gefolgsleuten in Europa im Unterschied zu den einseitigen Verpflichtungen, die den Samurai an seinen Herren banden (Bloch 1923, 1928, 1938/40).

Eine ehrgeizigere, aber weniger überzeugende vergleichende Untersuchung stellt Arnold Toynbees umfangreiche *Study of History* (1935-61) dar. Dieser großartige Versuch einer komparativen Studie im Weltmaßstab krankt, zumindest meiner Auffassung nach, an einem unzureichenden Begriffsinstrumentarium. Begriffe wie »Herausforderung und Reaktion«, »Rückzug und Wiederkehr«, »Universalstaat« und »externes Proletariat« mögen zwar ihren Nutzen haben, sie eignen sich aber nur sehr unvollkommen als Werkzeuge des Historikers. Wenn Toynbee doch nur Max Weber gelesen hätte! Aber Weber scheint im England der zwanziger und dreißiger Jahre kaum Einfluß ausgeübt zu haben. Einigen Historikern wie R. H. Tawney war Weber wohl als Autor eines anregenden, aber doch tollkühnen Aufsatzes über die protestantische Ethik und den Geist des Kapitalismus ein Begriff, seine Hauptwerke jedoch scheinen kaum bekannt gewesen zu sein. R. G. Collingwood scheint genausowenig wie Toynbee Webers Werk gekannt zu haben, obwohl es für das seine von einiger Bedeutung war. Collingwood formulierte Theorien über die Geschichte als Untersuchung des Einzigartigen, als hätten zu seiner Zeit die vergleichende Geschichte, die Sozialgeschichte und die bereits längere Zeit etablierte Wirtschaftsgeschichte noch gar nicht existiert.

Schließlich neigen aber auch Wirtschafts- und Sozialgeschichtler häufig zu Generalisierungen. Auch wenn sie nicht gerade Gesellschaften miteinander vergleichen, so machen sie doch häufig allgemeine Feststellungen über bestimmte Orte zu bestimmten Zeiten. Sie versuchen zu erklären, warum im Spanien des 16. Jahrhunderts die Preise steigen, warum man sich im England des 18. Jahrhunderts ins Parlament wählen ließ usw. Genauso wie die Soziologen benutzen sie Modelle und Typen.

Ein »Modell« wollen wir mit einfachen Worten als geistiges Konstrukt definieren, das die Realität vereinfacht, um das Wiederkehrende, das Beständige und Typische zu betonen, das es in Form von Gruppen von Merkmalen und Eigenschaften darstellt. Mit anderen Worten: »Modelle« und »Typen« werden als Synonyme betrachtet. Traditionell orientierte Historiker leugnen häufig, mit Modellen irgendetwas im Sinn zu haben, aber unbewußt wenden viele von ihnen Modelle an. Zwar vermeiden sie den Ausdruck »Modell«, aber dennoch gestatten sie sich die Verwendung allgemeiner Begriffe wie »Feudalismus« und »Kapitalismus«, »Renaissance« und »Aufklärung«, oder sie sprechen von der »klassischen« oder »schulbuchmäßigen« Form eines gesellschaftlichen Phänomens, wie es das mittelalterliche Herrenhaus darstellt. Diese Art der Verwendung von Modellen, bei der man sich über ihre logische Bedeutung nicht im klaren ist, brachte so manchen Historiker häufig in überflüssige Schwierigkeiten. Einige bekannte Kontroversen innerhalb der Zunft sind darauf zurückzuführen, daß der eine Historiker das Modell eines anderen Historikers mißverstanden hat.

Ein Beispiel für ein derartiges Mißverständnis stellt die berühmte Kontroverse zwischen Sir Paul Vinogradoff und F. W. Maitland über das englische Herrschaftshaus des Mittelalters dar. Vinogradoff schrieb (1892):

»Die Struktur des normalen Herrschaftssitzes ist immer dieselbe. Unter der Herrschaft des Lords finden wir zwei Bevölkerungsschichten – die Leibeigenen und die Freien, und entsprechend ist das Territorium aufgeteilt zwischen Domänen und ›zinspflichtigem Land‹ ... Die Gesamtbevölkerung bildet eine Dorfgemeinschaft, die sich um den Herrschaftshof oder *halimote* gruppiert, der zugleich Rat und Tribunal darstellt. Meine Untersuchung wird notwendigerweise diesem typischen Arrangement entsprechen.«

Dies ist also der klassische mittelalterliche Herrschaftssitz, wie er so häufig auf die Schultafeln gezeichnet worden ist. In einer ebenso klassischen Passage vernichtender kritischer Analyse behauptet Maitland: »ein typisches *manerium* zu beschreiben, ist ein unmögliches Meisterstück«, und er zeigte, daß jeder Bestandteil der Gruppe von Merkmalen, die Vinogradoff aufzählte, in manchen Beispielsfällen fehlte. Zu einigen Herrschaftshäusern gehörten keine Leibeigenen, zu anderen keine Freien, manche besaßen keine Domäne und manche keinen Gerichtshof (Maitland 1897).

Vinogradoff scheint sich des logischen Rangs seiner Verallgemeinerungen nicht sicher gewesen zu sein (darauf deutet der Wechsel von »immer« im ersten Satz des Zitats zu »typisch« im letzten hin). Wäre er sich stärker bewußt gewesen, daß er ein Modell benutzte, dann wäre er mit seinen Behauptungen vorsichtiger gewesen und hätte Maitland eine überzeugendere Antwort geben können.

Es ist nützlich, zwischen zwei Arten von Modellen zu unterscheiden, je nach den Kriterien für die Mitgliedschaft in den Gruppen von Rechtspersönlichkeiten, in diesen Fällen den *maneria*, auf die sich das Modell bezieht. Hier lassen sich Spezialausdrücke nicht vermeiden. Wir müssen unterscheiden zwischen einer »monothetischen« und einer »polythetischen« Gruppe von Rechtspersönlichkeiten. Eine monothetische Gruppe wird »dadurch bestimmt, daß der Besitz einer einzigartigen Reihe von Eigenschaften für die Zugehörigkeit sowohl ausreichend als auch notwendig ist«.

Bei der polythetischen Gruppe dagegen ist keine Einzeleigenschaft allein für die Gruppenzugehörigkeit notwendig oder ausreichend. Die Gruppe wird auch in diesem Fall durch eine Reihe von Eigenschaften definiert. Jede der Rechtspersönlichkeiten muß die meisten dieser Eigenschaften besitzen, und jeder dieser Eigenschaften ist den meisten dieser Rechtspersönlichkeiten gemeinsam (Clarke 1968). Diese zuletzt geschilderte Situation entspricht natürlich dem, was Wittgenstein an einer berühmten Stelle über »Familienähnlichkeiten« beschreibt: Mütter und Söhne, Brüder und Schwestern ähneln einander, aber diese Ähnlichkeiten lassen sich nicht auf einen unentbehrlichen Wesenszug reduzieren.

Maitlands Einwände gegen Vinogradoff gingen von der Unterstellung aus, daß Vinogradoff von *allen* Herrenhäusern spreche oder das »typische« Herrenhaus im Sinne einer monothetischen Gruppe definiere. Hätte Vinogradoff über das entsprechende Begriffsinstrumentarium verfügt, so hätte er erwidern können, daß er ein polythetisches Modell verwende. Nun hätte er nur noch beweisen müssen, daß jede aus seiner Menge von Eigenschaften von den meisten Herrenhäusern geteilt wurde. Für England als Ganzes kann dieser Nachweis nicht geführt werden, aber ein russischer Historiker, der die Herrenhäuser in Cambridgeshire und den benachbarten Grafschaften im 13. Jahrhundert studierte, fand heraus, daß mehr als die Hälfte von ihnen dem von ihm als »Typ A« bezeichneten Muster entsprachen, dessen Merkmale Domäne, von Leibeigenen bearbeitetes Land und Grundeigentümerbesitz waren; mit anderen Worten: sie entsprachen Vinogradoffs Muster (Kosminsky 1935).

Wie die Soziologen, so können auch die Historiker ohne den Begriff des »Typischen« nicht auskommen. Beim Aufstellen ihrer Typologien folgen die Vertreter beider Disziplinen natürlich dem Beispiel der Naturwissenschaftler. Sie schaffen »Taxonomien« und unterscheiden verschiedene Arten, so wie dies Linné einst bei den Pflanzen tat. Aber die verschiedenen Arten von mittelalterlichen Herrenhäusern lassen sich eben weniger deutlich unterscheiden als etwa die verschiedenen Arten von Eukalyptuspflanzen. Um festzustellen, ob ein bestimmter Fall »repräsentativ« ist oder nicht, und wenn ja für welche Gruppe, muß der Sozialhistoriker das betreiben, was die Soziologen als »survey analysis« bezeichnen.

Erhebungsanalyse

Die Erhebungsanalyse (»survey analysis«) ist in gewissem Sinne eine Methode, die die Sozialhistoriker, ohne sich dessen notwendigerweise bewußt zu sein, ständig anwenden. Es hat Untersuchungen über das englische Unterhaus und den Römischen Senat gegeben, die sich auf das Studium der Biographien ihrer Mitglieder gründeten. Diese Methode wird häufig als »Kollektivbiographie« bezeichnet. In diesen Fällen wurde die ganze Gruppe, oder, wie es die Soziologen sagen würden, die »Gesamtpopulation« untersucht, soweit dies die Quellenlage erlaubte. In derartigen Fällen mag es wohl nicht notwendig sein, die Methoden der Erhebungsanalysen zu kennen, wie sie in den Nachbardisziplinen angewandt werden. Historiker, die sich mit Eliten beschäftigen oder mit vorindustriellen Gesellschaften, wo Statistiker weder zahlreich noch verläßlich zu sein pflegen, sind wohlberaten, weiterhin alle Daten zu sammeln, die sie finden können.

Aber Zeitgeschichtler und Historiker von Großgruppen, wie etwa der britischen Arbeiterklasse oder ganzer Gesellschaften, verfügen oft über mehr Informationen als sie verarbeiten können. Und für sie mögen daher die Erhebungsanalyse und die Stichprobenanalyse von einigem Nutzen sein. Als Gilberto Freyre beispielsweise die Geschichte Brasiliens im späten 19. und frühen 20. Jahrhundert schrieb, suchte er eintausend Brasilianer, die zwischen 1850 und 1900 geboren wurden, zu finden, die die wichtigsten sozialen Gruppen innerhalb der Nation repräsentierten; allerdings blieb er die Erklärung dafür schuldig, nach welcher Methode er seine Repräsentativgruppe auswählte (Freyre 1959, vgl. Skidmore 1964). Paul Thompson, dessen Sozialgeschichte Englands im edwardianischen Zeitalter sich weitgehend auf Interviews mit Überlebenden aus dieser Zeit stützt, wählte seine Interviewpartner auf der Grundlage eines »repräsentativen Querschnitts« aus; das Verhältnis zwischen Männern und Frauen, Stadt und Land, Nord und Süd usw. entsprach etwa dem im Lande insgesamt zur gleichen Zeit vorherrschenden (Thompson 1975).

Freyre und Thompson arbeiteten gleichzeitig als Soziologen und Historiker, aber die Erhebungsprobleme tauchen immer wieder auf, wenn es um die historische Untersuchung verstorbener Generationen geht. In Gerald Aylmers Untersuchung über die Beamtenschaft Charles I. geht es um eine Gruppe von 900 Leuten, von denen 194 repräsentativ untersucht worden sind. Seine Untersuchung über die Beamtenschaft der Englischen Republik hat 1.180 Staatsbedienstete zum Gegenstand, davon werden 284 nach einer Zufallsauswahl untersucht. In diesen Fällen waren die untersuchten Gruppen einfach zu groß, als daß ein einzelner Wissenschaftler alle ihre Mitglieder hätte studieren können. Lawrence Stone dagegen konnte die englischen Peers zwischen 1558 und 1641 insgesamt untersuchen, da es von ihnen nur 382 gab; Gerald Aylmer, bei dem es um mehr als 2.000 Beamte ging, mußte dagegen einfach eine Auswahl treffen (Aylmer 1961; Stone 1965).

Eine soziologische Erhebung im Hinblick auf die Vergangenheit stellt uns genauso wie eine aktuelle Erhebung vor zwei schwierige Probleme. Zum einen besteht das Problem der Zuverlässigkeit der Belege oder »Daten«, zum anderen das ihrer Einordnung in Kategorien.

Jeder, der quantitative Methoden anwendet, sieht sich mit dem grundsätzlichen Zuverlässigkeitsproblem konfrontiert, worin denn der Unterschied zwischen »harten« (präzisen, meßbaren) Daten und den »weichen« Daten besteht (denen diese Eigenschaften fehlen). »Allzuoft sind es die weichen Daten, die wertvoll sind, und die harten sind eben die, die leicht zu erhalten sind.« Ebenso wie die Soziologen müssen auch die Historiker »harte Fakten« entdecken, »auf die man sich verlassen kann, und die dann als gute Hinweise auf die weichen Tatsachen dienen können« (Wootton 1959, S. 311). Als »Index« kann man in diesem Zusammenhang etwas Meßbares definieren, das mit etwas Nicht-Meßbarem in einem Zuordnungsverhältnis steht.

In den dreißiger Jahren beispielsweise fanden amerikanische Soziologen heraus, daß der Haustyp, in dem eine bestimmte Familie lebte – und sogar die Möblierung des Wohnzimmers –, weitgehend mit Einkommen und Beschäftigungsstatus korrelierte und daher als Index für den Sozialstatus der Familie betrachtet werden konnte. Auf der Wohnzimmerskala nahmen beispielsweise ein Telephon oder Radio einen hohen Rang ein (+ 8), während ein Wecker sehr niedrig bewertet wurde (- 2). Angesichts der Zahl der Bestandsverzeichnisse, die uns aus dem Europa der frühen Neuzeit überliefert sind, eröffnet Chapins Wohnzimmerskala den Sozialhistorikern neue Perspektiven (Chapin 1935). Oder sollte ein derartiger Index nur für das Amerika der dreißiger Jahre etwas Zuverlässiges aussagen? Vermutlich hängt die Genauigkeit einer derartigen Skala auch damit zusammen, welche Bedeutung der Status und die damit zusammenhängenden Symbole in einer bestimmten Kultur haben. Deshalb hätte man annehmen können, daß diese Skala, wenn man die Bedeutung der Möblierung angemessen berücksichtigt, sogar besser auf das Europa des 17. Jahrhunderts als auf das Amerika des 20. Jahrhunderts anwendbar sei. Aber der Literatur der Zeit können wir entnehmen, daß sich die Statussymbole des 17. Jahrhunderts doch etwas von denen unserer Zeit unterscheiden. In Furetières *Roman bourgeois* etwa geht es um einige junge Anwälte, die sich als Edelleute ausgeben wollen; gelegentlich wird auch die Einrichtung der Räume mit Möbeln erwähnt (und zwar in einer Weise, die deutlich macht, daß alte Möbel damals, anders als heute, als Anzeichen von Armut, niedrigem Stand oder altmodischer Haltung galten). Aber der wirkliche Statusanzeiger war, wenn man der Literatur glauben will, die Kleidung. Aufgrund von bestimmten Bändern und Spitzen werden Furetières bürgerliche Helden für Hofleute gehalten. Die pikareske Literatur Spaniens aus dem 17. Jahrhundert bestätigt die Bedeutung von Kleidung als zentralem Statussymbol (Furetière 1666). Die Historiker können hieraus einiges lernen: Der Begriff des Index ist das, was sie nützlicherweise von den Soziologen borgen können, aber es geht nicht um die Übernahme irgendeines bestimmten Index.

Die Religionssoziologen haben es mit einem noch schwierigeren Problem zu tun; sie suchen nach einem Index zur Messung der Intensität oder der Strenge des religiösen Glaubens. Sie haben immer dazu geneigt, ihr Augenmerk auf den zahlenmäßigen Anteil der Geistlichen in einer bestimmten Gesellschaft, auf die Teilnehmerzahl an Gottesdiensten oder in katholischen Ländern wie Frankreich und Italien die Zahl der österlichen Kommunikanten zu richten (Le Bras 1955; Wilson 1966). Ein einfallsreicher französischer Historiker wollte sogar den Rückgang der Frömmigkeit in der Provence im 18. Jahrhundert daran messen, um wieviel das Gewicht der Kerzen abgenommen hatte, die vor den Heiligenbildern angezündet wurden (Vovelle 1973). Es ist kaum zu bezweifeln, daß Statistiken dieser Art, die örtlich und zeitlich großen Veränderungen unterworfen sind, eine Menge aussagen. Ob wir diese Aussagen entschlüsseln können, ist allerdings eine ganz andere Frage. Wollte man diese Fragen richtig verstehen, so müßte man wissen, was für die Beteiligten die Osterkommunion bedeutete. Es ist kaum mit Sicherheit zu sagen, ob die Bauern aus der Gegend von Orléans im 19. Jahrhundert etwa noch die orthodox-klerikale Auffassung von der Kommunion vertraten. Es ist schwieriger als es den Anschein hat, die religiöse Temperatur einer Gemeinschaft zu messen. Es stellt ein Problem der gleichen Größenordnung dar, politische Haltungen aus Wahlergebnissen ablesen zu wollen.

Seien die Daten nun hart oder weich, sie werden auf unsere Fragen keine Antworten liefern, solange man sie nicht mehr oder weniger mit Gewalt in Kategorien »preßt«. In dieser Hinsicht haben die Historiker keinen Anlaß, sich den Soziologen überlegen zu fühlen. Wir alle verwenden Kategorien. Ohne sie würden wir zu keinerlei Schlüssen kommen können. Wir alle müssen gelegentlich zu etwas gewaltsameren Methoden greifen, so sehr wir uns auch bemühen mögen, Kategorien zu bilden, die den Tatsachen möglichst wenig Gewalt antun und doch Schlüsse ermöglichen. Wenn man sich der quantitativen Methoden der Erhebungsanalyse bedient, führt man damit nicht erstmals Kategorien ein. Man betreibt das Geschäft der Klassifizierung jetzt nur bewußter. Der Computer kennt nur zwei Antorten: ein klares »Ja« und ein klares »Nein«. Wenn ein Historiker einen Computer benutzen will, dann muß er seine Daten entsprechend aufbereiten.

Als Beispiel für die Art von Problemen, die auftauchen, wenn man historisches Material kodieren will, möchte ich auf meine eigene Arbeit über die Kollektivbiographie von 600 Künstlern und Autoren hinweisen, die im Italien der Renaissance wirkten. Weder von der Gesamtheit des kreativen Teils der Bevölkerung noch von einer Zufallsauswahl wurde ausgegangen. Vielmehr wurden aus den Standardnachschlagewerken der Gegenwart die 600 bekanntesten Vertreter ihrer Gebiete ausgewählt. Man mag dem entgegenhalten, es wäre besser gewesen, die 600 Leute auszuwählen, die zu jener Zeit die berühmtesten gewesen sind, und nicht die 600 Vertreter jener Epoche, die für uns heute von größter Bedeutung sind. Dies hätte etwa zur Folge gehabt, daß mehr Kirchenjuristen und Theologen und weniger Maler berücksichtigt worden wären. Aber es wäre dies ein falsches Herangehen an unsere Fragestellung gewesen, es ging ja darum, das außerordentlich vielfältige Blühen von Talenten in der Periode nachzuweisen, die wir die italienische Renaissance nennen. Der quantitative Ansatz zwang mich einfach, die unausgesprochenen Auswahlkriterien anderer moderner Historiker explizit anzuwenden. Nach der Selektion der Namen bestand der nächste Schritt darin, über jede einzelne Persönlichkeit Informationen zu sammeln und auf Berichtskarten zu notieren. Den nächsten Schritt stellte dann die Kodierung der Informationen dar. Dabei waren die Fragen, die gestellt werden sollten, zu bestimmen (in diesem Fall ging es um zehn Fragen) und die möglichen Antworten in lochkartengerechter Form zu kategorisieren. Auf die Frage »Wo wurde X' Vater geboren?« gab es beispielsweise neun mögliche Antworten. Sie reichten von »Toskana« (erstes Loch der ersten Reihe ausstanzen) bis »unbekannt« (neuntes Loch der ersten Reihe). Auf die Frage: »Was war X' Vater von Beruf?« gab es wiederum neun mögliche Antworten von »Edelmann« bis »unbekannt« usw. Auf die zehn Fragen gab es insgesamt dreiundsechzig mögliche Antworten. Der Computer war mit einem Standardprogramm zur Erhebungsanalyse ausgerüstet, er druckte die dreiundsechzig Kategorien horizontal und vertikal aus. Wenn man also herausfinden wollte, wie viele Toskaner aus dieser Gesamtgruppe Söhne von Edelleuten waren, konnte man dies von beiden Achsen einfach ablesen.

Man sollte allerdings noch darauf hinweisen, daß es in sehr vielen Fällen schwierig war zu entscheiden, welche Kategorie denn eigentlich gelocht werden sollte. War es nun bei Michelangelos Vater angemessener, ihn als Adligen oder als Akademiker zu bezeichnen? Hier muß man sich entscheiden. Wenn bei einer bestimmten Kategorie die Grenzfälle zu zahlreich werden und die Auswahlentscheidungen beliebig zu sein scheinen, dann sollte man diese Kategorie besser gar nicht verwenden. Ich hatte vor, eine Frage zur Psychologie von Künstlern und Schriftstellern zu formulieren; dabei wollte ich Kategorien des 16. Jahrhunderts wie »Melancholie« verwenden. Aber dies ließ ich dann aus den ebengenannten Gründen bleiben. »Geboren in der Toskana« ist eine harte Tatsache, sie ist ohne Verzerrungen quantitativ erfaßbar. »Melancholie« dagegen ist eine weiche Kategorie, sie hängt ganz und gar ab von den Haltungen, Werten und Vorurteilen der Quelle (Burke 1972).

Struktur und Funktion

Zwei Schlüsselwörter im Vokabular der Soziologen sind »Struktur« und »Funktion«. »Struktur« oder »System« (wir wollen diese beiden Begriffe hier nicht unterscheiden) beziehen sich auf ein Gebilde, das sich aus voneinander abhängigen Teilen zusammensetzt. Wenn man etwa von der Sozialstruktur Englands im 16. Jahrhundert spricht, dann deutet man damit an, daß die wichtigsten Institutionen (König, Kirche, Parlament, Gilden, Herrenhäuser usw.) und die wichtigsten Gruppen in der Gesellschaft (Hochadel, Adel, Freisassen, Handwerker usw.) in dem Sinne voneinander abhängig waren, daß eine Veränderung bei einer Gruppe oder Institution Veränderungen bei den anderen zur Folge haben würde. Eigentlich sollte eine derartige Vorstellung für einen Historiker selbstverständlich sein; denn wie auch die Soziologen neigen die Historiker zu der Ansicht, daß im gesellschaftlichen Bereich alles irgendwie miteinander zusammenhängt. Dennoch tendieren sie wohl ein wenig zur Skepsis im Hinblick auf den Begriff »Struktur« in seiner präzisen Bedeutung, insbesondere wenn er im Zusammenhang mit

Funktion angewandt wird. Auch »Funktion« ist dem Anschein nach ein harmloser Begriff, der wohl zum Ausdruck bringen soll, daß Institutionen ihren Nutzen haben; aber wenn man die Definition präziser faßt, dann gewinnt sie eine Schärfe, die den Begriff gleichzeitig interessanter und gefährlicher macht. Die Funktion eines jeden Teils der Gesellschaft, so besagt es diese Definition, besteht darin, das Ganze aufrechtzuerhalten. Aufrechterhalten bedeutet hier: das Gleichgewicht gewährleisten. Genau dies ist mit gegenseitiger Abhängigkeit gemeint. Die Idee des Gleichgewichts ist auch den Historikern nicht völlig fremd. In einer dem 18. Jahrhundert entsprechenden Form war »Gleichgewicht« ein bedeutender Teil des Begriffsapparates von Edward Gibbon. Als er den Abstieg des Römischen Reiches als Ergebnis seiner »unangemessenen Größe« erkannte, dachte er auch in Begriffen des Ungleichgewichts. Aber Soziologen und Anthropologen gehen über die Metaphorik von Struktur und Gleichgewicht hinaus. Die Fragen, die sie stellen, und die Antworten, die sie darauf geben, waren bis vor nicht allzu langer Zeit in dieser Begriffssprache gehalten. Malinowski beispielsweise, der einer der Pioniere des funktionalistischen Ansatzes war, behandelte Mythen in erster Linie, wenn nicht gar ausschließlich, als Geschichten, die eine soziale Funktion hatten. Ein Mythos kann nach Malinowski als eine Geschichte über die Vergangenheit verstanden werden, die als »Stiftungsurkunde« dient; d.h. sie hat die Funktion, eine Institution der Gegenwart zu rechtfertigen und damit ihre Existenz zu gewährleisten. Dabei dachte er möglicherweise nicht nur an die Inselbewohner der Trobrianden, sondern auch an die Magna Charta (Malinowski 1926).

Eine der brillantesten Erörterungen dieser Themen bietet

ein Buch, dessen Autor bewußt die Begriffe »Struktur« und »Funktion« vermeidet. Es wurde von einem Sozialanthropologen verfaßt und behandelt die Stammesgesellschaften Afrikas, aber seine Implikationen reichen sehr viel weiter. Sein Autor Max Gluckman hebt hervor, daß der funktionalistische Ansatz keineswegs, wie man vielleicht anzunehmen geneigt ist, das Offenkundige bestätigt, sondern in Wirklichkeit höchst paradox ist. Die Funktion der Fehde besteht beispielsweise nicht darin, den Frieden zu bedrohen, sondern ihn zu erhalten, denn dadurch wird ein Loyalitätskonflikt ausgelöst, der in jedem Individuum ein Interesse an der Aufrechterhaltung des sozialen Zusammenhalts auslöst. Darüber hinaus argumentiert Gluckman, daß »Rebellionen keineswegs die etablierte gesellschaftliche Ordnung zerstören, sondern diese sogar stützen«. Sie erhalten also diese Ordnung aufrecht, indem sie als Sicherheitsventil wirken. Und bei der Erörterung der Aufhebungsriten der Zulu kommt er zu dem Schluß, daß die einmal im Jahr stattfindende Aufhebung der Tabus dazu »dient, sie zu betonen« (Gluckman 1955). Um es mit den Worten eines führenden amerikanischen Soziologen zu sagen: Die »latente« Funktion einer Institution kann eine ganz andere sein als ihre »manifeste« (Merton 1948).

Es gibt auf der Hand liegende Einwände gegen diesen strukturell- funktionalistischen Ansatz, aber bevor wir auf seine Schwächen eingehen, soll auf seine sehr realen Vorzüge hingewiesen werden. Dieser Ansatz macht es leichter zu verstehen, wie eine Sozialstruktur weiter existieren kann, während die Individuen, die sie doch bilden, ständig wechseln. Dadurch werden gewisse Mythen, Glaubensinhalte und Rituale verständlicher. An dieser Stelle wollen wir einmal ein berühmtes Beispiel aus der Geschichte des Mittelalters, die

Konstantinische Schenkung, betrachten. Die Legende behauptet, Kaiser Konstantin habe dem Papsttum Land gegeben, und er sei dafür von Papst Sylvester von der Lepra geheilt worden. Die Geschichte von der Konstantinischen Schenkung belegt Malinowskis Interpretation des Mythos als »Stiftungsurkunde«. Die Funktion dieser Legende war es, die Existenz des Kirchenstaates, also der weltlichen Herrschaft des Papsttums, zu rechtfertigen. Als Beispiel für die soziale Funktion des Glaubens wollen wir den Hexenglauben im England der Tudorzeit betrachten. Nach Ansicht eines modernen Historikers zu diesem Thema diente der Hexenglaube dazu, die traditionelle Art der Zusammenarbeit und der Wohltätigkeit zwischen Nachbarn in den Dorfgemeinden Englands zu sichern, denn die reicheren Nachbarn fürchteten, von den ärmeren verflucht oder behext zu werden, wenn sie diese ohne Almosen von der Tür wiesen (Thomas 1971). Und was das Ritual betrifft, so analysierten zwei Soziologen die Krönung Elisabeths II. mit den Begriffen der sozialen Funktion, die den moralischen Konsens der britischen Gesellschaft zum Ausdruck gebracht und verstärkt habe (Shils und Young 1953). Man kann sich unschwer vorstellen, daß Historiker frühere Krönungsfeierlichkeiten oder andere Rituale mit ähnlichen Begriffen analysieren könnten, und einige von ihnen haben genau dies auch getan (Nelson 1975).

An dieser Stelle mag es nützlich sein, ein etwas ausführlicheres Beispiel für die funktionalistische Betrachtungsweise einer Gesellschaft der Vergangenheit, nämlich der Venezianischen Republik, vorzustellen. Im 16. und 17. Jahrhundert wurde Venedig vielfach von Ausländern wegen der Stabilität seines politischen und gesellschaftlichen Systems bewundert.

Die Venezianer führten diese Stabilität auf ihre »gemischte« oder »ausgewogene« Verfassung zurück. Der Doge vertrat hierbei das monarchische Element, der Senat das aristokratische und der Große Rat das demokratische. In Wirklichkeit herrschte zwischen diesen drei Elementen keineswegs ein Gleichgewicht. Der Doge verfügte zwar über einen hohen Status, besaß aber nur wenig Macht. Ein Venezianer des 16. Jahrhunderts hat dies einmal so ausgedrückt: Der Doge war nicht mehr als ein »Wirtshausschild«. Der Große Rat besaß mehr Macht, aber er dominierte keineswegs. Faktisch herrschte in Venedig eine Oligarchie von zweihundert führenden Granden, die die wichtigsten politischen Ämter unter sich aufteilten. Man kann sagen, daß der Mythos einer Demokratie und Gleichheit des Adels und der damit verbundene Mythos einer ausgewogenen Verfassung dazu dienten, das System so zu erhalten, wie es nun einmal war, mit all seinen Ungleichheiten und Ungleichgewichtigkeiten.

Es bestand ständig die Gefahr eines Konflikts zwischen den Granden und dem niederen Adel, aber in den Quellen taucht der Konflikt kaum auf. Eine der seltenen Ausnahmen ereignete sich 1625, als sich der neue Doge Zuan Corner, der die Vetternwirtschaft stärker als üblich betrieb, mit der Opposition von Renier Zen konfrontiert fand, der sich zum Sprecher des niederen Adels machte. Es heißt, Zen habe Corner entthronen wollen, und ein Sohn Corners habe versucht, diesen hartnäckigen Kritiker zu ermorden. Aber dann wurde Zen in die herrschende Oligarchie integriert, der Konflikt wurde entschärft und ein Kompromiß durchgesetzt. Wie kam es dazu? Eine der möglichen Antworten auf diese Frage klingt wie ein Echo auf Gluckmans Erklärung des »Friedens in der Fehde«; sie deutet darauf hin, daß auch in

Venedig konfligierende Bindungen dazu dienten, den sozialen Zusammenhang zu festigen. Der niedere Adel wurde durch Gruppensolidarität und Feindseligkeit gegenüber dem Hochadel in die eine Richtung gezerrt, aber in die Gegenrichtung wirkten die Bande der Patronage, die den einzelnen Angehörigen des Kleinadels an einen einzelnen Granden fesselten. Diese Art von Konflikt förderte die Neigung zum Kompromiß.

Die am deutlichsten erkennbare Gruppe von Gemeinen, die imstande gewesen wäre, die Oligarchie Venedigs herauszufordern, waren die Bürger, eine relativ kleine Gruppe von etwa zwei- bis dreitausend erwachsenen Männern. Als Ausgleich dafür, daß sie vom Großen Rat ausgeschlossen waren, erfreuten sie sich einer Anzahl von Privilegien. Bestimmte Verwaltungsämter waren ihnen vorbehalten; ihre Töchter heirateten nicht selten Adlige; gewisse religiöse Bruderschaften nahmen gleichzeitig Adlige und Bürger auf. Man kann sagen, daß diese Privilegien unter den Bürgern das Gefühl förderten, für die Adligen etwas zu bedeuten; dies schuf gleichzeitig einen gewissen Abstand zu anderen Gemeinen.

Nun müssen wir uns noch der Mehrheit der Bevölkerung Venedigs zuwenden, die etwa 150.000 Menschen umfaßte. Einige zeitgenössische Autoren erklärten das Fehlen von Konflikten zwischen dem Adel und den übrigen Venezianern mit den niedrigen Getreidepreisen: Die Regierung subventionierte das Korn, um das Volk ruhig zu halten. Der Mensch lebt jedoch bekanntlich nicht vom Brot allein, und so bot die venezianische Regierung der Bevölkerung auch Spiele, d.h. glanzvolle öffentliche Darbietungen. Dazu zählten die »Vermählung mit dem Meer« am Himmelfahrtstag und der Karneval, ein Ritual der Umkehrung, bei dem die

Autoritäten straflos kritisiert werden konnten. Dieses Sicherheitsventil erinnert an die von Gluckman beschriebenen Rituale der Zulu. Weiterhin war es den venezianischen Fischern gestattet, ihren eigenen Dogen zu wählen, der vom wirklichen Dogen mit Ehrerbietung empfangen und geküßt wurde. Dieses Ritual diente dazu, im einfachen Volk die Überzeugung zu schaffen, daß es am politischen System teilhatte, was in Wirklichkeit nicht der Fall war (Burke 1974).

Wir haben dieses Beispiel hier etwas ausführlicher dargestellt, weil wir glauben, daß das Begriffspaar Struktur und Funktion für die Historiker ebenso nützlich ist wie für die Vertreter ihrer Nachbarwissenschaften Soziologie und Sozialanthropologie. Dennoch ist es nicht ungefährlich, diese Begriffe und die ihnen benachbarten Vorstellungen von »Konsens«, »Kohäsion«, »Gleichgewicht« und »Integration« zu benutzen.

Zunächst sollte man sich mit dem nächstliegenden Einwand der Historiker beschäftigten – wenn es auch schwierig ist, einen ernsthaften Einwand gegen die Soziologie zu erheben, der nicht auch schon von Soziologen selbst erhoben worden ist. Diesen Einwand kann man kurz und treffend in der folgenden Frage zusammenfassen: Und was ist mit den Menschen? Wo werden denn die wirklichen Zeitgenossen und ihre Absichten betrachtet? Oder, um es in der Sprache der Soziologen zu sagen: Wie steht es um die Akteure und deren Definition der Situation? Dazu möchte ich hier zwei Bemerkungen machen.

Erstens sind Zeitgenossen durchaus imstande, die Vorgänge ihrer Epoche zu verstehen. Was wie eine »latente« Funktion aussieht, mag für einige Leute durchaus »manifest« sein. Einige Italiener des 17. Jahrhunderts verstanden durchaus, mit welchen Mitteln die venezianische Oligarchie ihren Machterhalt sicherte. Ohne die überlieferten Ansichten dieser Leute wäre eine funktionale Analyse des venezianischen Systems sehr viel schwieriger. Darüber hinaus ist die Theorie von der ritualisierten Rebellion als Sicherheitsventil keine Erfindung moderner Anthropologen, trotz der Analogie zur Technik der Dampfmaschine. Richard Lassels, ein englischer Beobachter des römischen Karnevals im 17. Jahrhundert, erklärte bereits: »All dies wird den Italienern gestattet, die ein ganzes Jahr lang unterdrückt worden sind und sonst in Schwermut und Melancholie erdrosselt werden könnten.«

Was jedoch den Wert dieser Art von Erklärung betrifft, so spielt es in der Tat keine Rolle, ob sich die Zeitgenossen der sozialen Funktion ihrer Gebräuche und Institutionen bewußt gewesen sind. Sie besaßen ihre handlungsanleitenden Motive, und der Historiker muß sie berücksichtigen, wenn er eine kurzfristige Darstellung der Ereignisse geben will. Aber wenn er erkennen will, wieso die soziale Struktur langfristig weiterbesteht, dann muß er zu funktionalen Erklärungen greifen. Um es soziologisch auszudrücken: Auf der Mikro-Ebene mögen Erklärungen mit Hilfe ihrer individuellen Motive durchaus ihren Zweck erfüllen, hier geht es um die direkte Interaktion, aber das Geschehen auf der Makro-Ebene können sie nicht hinreichend deuten, denn hier geht es um die Gesamtgesellschaft. Wenn man sich der Begrifflichkeit der sozialen Funktionen bedient, dann begibt man sich in das Risiko, diese »Gesellschaft« zu verdinglichen oder zu personifizieren, aber dieser Gefahr kann man aus dem Wege gehen. Die Metapher ist eine nützliche Kurzbeschreibung dessen, was man anhand von Individuen und deren Absichten nicht erklären kann (vgl. Bendix 1967).

Neben der Frage, wie es denn um die Menschen stehe, gibt es noch einen gewichtigeren Einwand gegen den funktionalistischen Ansatz: Ihm wird vorgeworfen, einen gesellschaftlichen oder moralischen Konsensus vorauszusetzen, dessen praktische Existenz höchst fragwürdig ist. Hier wollen wir uns noch einmal für einen Augenblick der Krönung Elisabeths II. zuwenden: Man hat sie als Ritual interpretiert, das einen Konsens bekräftigte und so der Aufrechterhaltung der sozialen Struktur diente, zur Integration der Gesellschaft beitrug sowie deren Zusammenhalt und Gleichgewicht befestigte (Shils und Young 1953). Aber waren den verschiedenen gesellschaftlichen Gruppen im Großbritannien der fünfziger Jahre tatsächlich die gleichen Grundwerte gemeinsam? Dem ist durchaus widersprochen worden mit dem Argument, die Krönung habe ein anachronistisches Ritual dargestellt, das von vielen Leuten nicht ernstgenommen worden sei (Birnbaum 1955).

Ähnliche Einwände könnte man hinsichtlich des Konsenses – oder des mangelnden Konsenses – im Venedig des 16. Jahrhunderts und der Funktion der »Vermählung mit dem Meer« vorbringen. Derartige Fragen würden tatsächlich immer wieder in jeder neuen Situation auftauchen. Hier läßt sich dazu nur sagen, daß man nicht annehmen darf, andere Gruppen würden immer die Werte der herrschenden Klasse teilen. Dennoch kommt diese Gemeinsamkeit der Werte durchaus vor. Es kann auch passieren, daß die verschiedenen Gruppen, die an einem Ritual teilnehmen, es auf unterschiedliche Weise interpretieren. Ein Ritual mag oftmals weniger dazu dienen, einen Konsens zu bestätigen als ihn zu schaffen. Ein Zyniker mag diesen Prozeß so interpretieren wie die Nicht-Venezianer die venezianischen Rituale: als bewußten Versuch der herrschenden Elite, die übrige Bevölkerung durch den Mythos des Konsensus zu manipulieren. Dieser Prozeß wirkt jedoch unabhängig davon, ob sich die Elite dessen bewußt ist oder nicht.

Ein weiterer Einwand gegen den funktionalistischen Ansatz dreht sich um den Begriff des Gleichgewichts und das Problem des Wandels. »Soziales Gleichgewicht« ist zweifellos eine bildhafte Umschreibung aus dem Bereich der Mechanik. Sie war für den Soziologen Vilfredo Pareto wohl deshalb besonders naheliegend, weil er von Beruf Ingenieur war. Wie der Begriff Gesellschaft lädt auch dieser zur Verdinglichung geradezu ein. Auch als zu statisch ist der Begriff kritisiert worden. »Wirkliche Gesellschaften können sich niemals im Gleichgewicht befinden« (Leach 1954, Einleitung). In einer neueren Untersuchung über die Englische Revolution stellte Lawrence Stone die These auf, zwischen 1529 und 1629 hätten Wirtschaftswachstum und sozialer Wandel in England zu einem »Ungleichgewicht« zwischen dem politischen und dem gesellschaftlichen System geführt. Alle Maßnahmen, das Gleichgewicht wiederherzustellen, hätten es noch zusätzlich zerstört. Ein Rezensent reagierte auf diese These mit der Frage »Wann gab es denn überhaupt ein Gleichgewicht?« und kam zu dem Schluß, der Begriff sei »irreführend, wenn man ihn auf das Europa des späten Mittelalters oder der frühen Neuzeit anwendet« (Stone 1972; Koenigsberger 1974).

All diese kritischen Einwände sind ein wenig übertrieben. Um zunächst auf Pareto zurückzukommen, so betrachtete er Gesellschaften keineswegs in Begriffen eines »perfekten« oder statischen Gleichgewichts; vielmehr meinte er ein »dynamisches« Gleichgewicht zu beobachten, von dem er sagte, »es sei ein solcher Zustand, daß bei ihm, wenn man künstlich irgendeine Modifikation einführte, eine Reaktion stattfinden würde, die auf Wiederherstellung des normalen Zustandes tendierte« (Pareto 1916, Sektion 2.068). Gleichgewicht sollte in keiner Weise mit Abwesenheit von Störungen, mit Frieden gleichgesetzt werden, sondern nur mit der Aufrechterhaltung der Sozialstruktur. Auf Koenigsbergers Frage, wann es denn je ein Gleichgewicht gegeben habe, kann man durchaus antworten: im England des 15. Jahrhunderts. Trotz der Rosenkriege gab es zu jener Zeit keine größeren Veränderungen der Sozialstrukturen (vgl. Lander 1969). Ähnlich verhielt es sich im Venedig des 16. und 17. Jahrhunderts. Es gab zwar Kriege mit auswärtigen Mächten und Konflikte im Inneren, aber Gesellschaft und Staat verharrten in relativem Gleichgewicht.

Trotz der möglichen Gefahren, die der Begriff »Gleichgewicht« in sich birgt, hat man die funktionale Analyse oft als zu statisch kritisiert. Wenn man in den Mittelpunkt des Interesses das stellt, was dazu dient, die soziale Struktur zu festigen, dann übersieht man den Wandel. Soweit ist dies eine faire Kritik am funktionalistischen Ansatz, wie er gewöhnlich (aber nicht immer) praktiziert wird. Doch es gibt keinen Grund, warum Historiker oder Soziologen nicht Glaubensrichtungen, Institutionen oder Gruppen untersuchen sollten, die eine gegebene Sozialstruktur ins Wanken bringen und den sozialen Wandel fördern können. Man kann genauso leicht Mythen entdecken, die den Wandel rechtfertigen, wie solche, die den *status quo* rechtfertigen. Ein ganz offensichtliches Beispiel hierfür ist der »Mythos der Magna Charta«, wie er oftmals genannt wird. Dieser Bericht über die Konzessionen, die König Johann seinen Baronen machte, wurde von späteren Generationen auf sehr unterschiedliche Weise interpretiert. Dies war insbesondere im 17. Jahrhundert der Fall. Und diese Interpretationen dienten einer sozialen Funktion: Sie rechtfertigten oder »legitimierten« den Wandel, indem sie den Anschein erweckten, er könne sich auf Vorbilder und Traditionen berufen. Auch der Hexenglaube im England der Tudors und Stuarts ist als »Mittel« beschrieben worden, »einen tiefgehenden sozialen Wandel auszulösen«: den Wandel von einer nachbarschaftlich orientierten Dorfgemeinschaft zu einer stärker individualistisch ausgerichteten Gesellschaft. Einige der reicheren Dorfbewohner rechtfertigten nämlich ihre Weigerung, armen alten Frauen karitative Hilfe zukommen zu lassen, indem sie diese als Hexen bezeichneten (Macfarlane 1970).

Zusammenfassend läßt sich feststellen: Der Begriff »Funktion« stellt für den Historiker ein wichtiges Handwerkszeug dar, wenn er ihn nicht durch gedankenlosen Gebrauch wertlos macht. Er birgt in sich die Gefahr, den sozialen Wandel, den sozialen Konflikt und individuelle Motive zu vernachlässigen, aber all diesen Versuchungen kann man durchaus aus dem Wege gehen. Es ist nicht notwendig anzunehmen, daß jede Institution in einer bestimmten Gesellschaft eine positive Funktion – ohne irgendwelche Kosten oder Dysfunktionen – besitzt. Die Annahme ist keineswegs notwendig, daß eine bestimmte Institution unbedingt erforderlich ist, um eine bestimmte Funktion zu erfüllen, denn verschiedene Institutionen können als funktionale »Äquivalente« dienen (Merton 1948). Im heutigen Großbritannien nehmen beispielsweise die Schulen einige Funktionen wahr, die früher der Familie zukamen. Es gibt keinen Grund, die Tatsache zu vergessen, daß sich die Gesellschaft aus Einzelpersonen zusammensetzt, die ihre individuellen Zwecke verfolgen. Der funktionalistische Ansatz geht von der Annahme aus, man könnte die Gesellschaft nicht einfach dadurch verstehen, daß man die Absichten ihrer Mitglieder untersucht, denn dazu seien die unbeabsichtigten Folgen von viel zu großer Bedeutung; weiterhin sei anzunehmen, daß diese unbeabsichtigten Folgen durchaus strukturiert seien, und man könne sie besser verstehen, wenn man in der Gesellschaft eine Maschine sehe, die sich im Gleichgewichtszustand befinde. Dennoch sollte man funktionale Erklärungen nicht als Ersatz für andere Arten von historischen Erklärungen ansehen. Sie ergänzen sie eher, als daß sie zu ihnen im Widerspruch stehen, denn sie bieten eher Antworten auf andere Fragen als andere Antworten auf die gleichen Fragen (vgl. Gellner 1958). Es geht also nicht darum, die traditionellen historischen Erklärungen über Bord zu werfen, sondern darum, etwas Nützliches an Bord zu nehmen, für das die Historiker in der Tat kein funktionales Äquivalent besitzen.

Soziale Rolle

Ein weiterer zentraler Begriff der Soziologie ist der der sozialen Rolle. Sie wird bestimmt in Begriffen von Verhaltensmustern oder »Normen« des Verhaltens, die mit einem gewissen Status oder Position in der Sozialstruktur zusammenhängen wie »König«, »Kind«, »Künstler« usw. Die Metapher von der Welt als Bühne stammt aus dem Griechenland der Antike, aber die soziologische Theorie hat sie weiterentwickelt und präzisiert. In den letzten zwanzig Jahren machte sich in dieser Hinsicht insbesondere Erving Goffman verdient, der sie mit Begriffen wie »Darstellung« und »persönlicher Raum» verbunden hat, um zu erläutern, was er als »Eindrucksmanagement« oder »Selbstdarstellung« bezeichnet (Goffman 1958). Eine Art der Rollendefinition stellt das Verhalten in den Mittelpunkt, das man vom Träger einer bestimmten Rolle erwartet. Der Begriff »Kind« steht beispielsweise für eine soziale Rolle, die durch die Erwartungen der Erwachsenen definiert sein kann. In Westeuropa haben sich diese Erwartungen seit dem Mittelalter stark verändert. Von dem Siebenjährigen, der das Alter erreicht hatte, da man »zur Vernunft kommt«, wie man damals sagte, wurde einstmals erwartet, daß er sich so weit wie möglich wie ein Erwachsener benahm. Er galt als kleiner, schwacher, noch nicht voll leistungsfähiger, unerfahrener und unwissender Erwachsener, aber dennoch eben als Erwachsener (Ariès 1960). Rollen können aber auch anhand der Erwartungen anderer definiert werden, wenn man in Rechnung stellt, daß unterschiedliche Menschen unvereinbare Vorstellungen dessen haben, was ein und dieselbe Rolle betrifft; die Soziologen bezeichnen dies als »Rollenspannung« in jedem, der eine derartige Position einnimmt.

Man kann die Ansicht vertreten, daß Historiker viel gewinnen können, indem sie den Begriff der »Rolle« häufiger und systematischer benutzen als in der Vergangenheit. Dies würde sie ermutigen, ein Verhalten in strukturellen Begriffen zu erklären, das sie bisher nur individualisierend erörtert und oft zu leichtfertig und zu ethnozentrisch verurteilt haben. Günstlinge von Monarchen beispielsweise hat man oft dahingehend mißverstanden, als habe es sich dabei einfach um schlechte Menschen gehandelt, die zufällig auf einen schwachen König trafen und ihn korrumpierten. Tatsächlich aber gab es eine soziale Rolle des Günstlings innerhalb des Mikrokosmos des höfischen Sozialsystems. Wie andere Menschen auch benötigten die Könige Freunde, und im Unterschied zu anderen Leuten bedurften sie inoffizieller Berater. Sie benötigten gelegentlich ein »Werkzeug«, um den formalen Mechanismus ihres eigenen Regierungssystems zu umgehen. Sie brauchten jemanden, dem sie vertrauen konnten, jemanden, der ihnen die Treue hielt, weil seine eigene Stellung von ihnen abhing, jemanden, der von den Hocharistokraten unabhängig war, die die Umgebung des Königs bildeten. Ein Günstling konnte jeder dieser drei Anforderungen gerecht werden. Bestimmte Günstlinge wie Piers Gaveston bei Edward II. oder der Herzog von Buckingham unter James I. mögen eine katastrophale Rolle gespielt haben, aber innerhalb des höfischen Systems bestand eine Lücke, die gefüllt werden mußte, und es gab ein Verhaltensmuster, das dieser besonderen Stellung entsprach. Wie die Macht der Eunuchen im Byzantinischen und im Chinesischen Reich kann man die Macht der Günstlinge nicht mit der Schwäche eines bestimmten Königs erklären (über die Macht der Eunuchen vgl. Hopkins 1958).

Einige historische Monographien benutzen das Konzept der Rolle in durchaus vorteilhafter Weise. So hat beispielsweise T. C. Cochran die »Rolle der Verwaltung« im Amerika des 19. Jahrhundert erörtert und die Kräfte dargestellt, die sie formten. Der Sozialanthropologe Peter Lloyd hat den Rollendruck im Fall des *oba*, des heiligen Herrschers der traditionellen Königreiche der Yoruba, beschrieben. Der *oba* war von Häuptlingen umgeben, die gleichzeitig von ihm erwarteten, daß er sich durchsetzte und daß er ihre Entscheidungen akzeptierte (Cochran 1953; Lloyd 1968). Lloyds

Aussagen sind von offensichtlicher Bedeutung für die Geschichte Europas im Mittelalter und in der frühen Neuzeit, denn auch damals galten die Könige in gewisser Weise als heilig und sie waren umgeben von Adligen, die von ihnen gleichzeitig Strenge und Fügsamkeit erwarteten. Was auch immer ein König tun mochte, es war unmöglich, diese einander widersprechenden Erwartungen zu erfüllen. Die Ehrfurcht vor der Rolle des geheiligten Königs mochte den Herrscher vor offener Kritik schützen, denn man glaubte ja, daß »der König keinen Fehler machen« kann; dies verhinderte aber nicht Angriffe auf seine Politik mit anderen Mitteln, insbesondere indem man die Schuld seinen »schlechten Ratgebern« zuschob. Auf diese Weise kritisierte man einerseits indirekt den König, andererseits brachte man so seinen aristokratischen Haß gegenüber den Rivalen zum Ausdruck, die keine Edelleute waren, sondern durch die Gunst des Königs »aus dem Staub emporgestiegen« waren. Daß diese Art von Kritik beispielsweise vom Chronisten Ordericus Vitalis im 12. Jahrhundert gegen Heinrich I. von England ebenso vorgetragen wurde wie im 17. Jahrhundert von dem Memoirenautor Saint-Simon gegen Ludwig XIV. von Frankreich drängt zu der Annahme, daß das Problem struktureller Art war, obwohl die Zeitgenossen es immer wieder als persönliches sahen (vgl. Rosenthal 1967). Natürlich waren die Könige nicht die einzigen Opfer widersprüchlicher Rollenerwartungen im politischen Geschehen des Mittelalters. Die Könige erwarteten ihrerseits von ihren Baronen gleichzeitig Schwäche und Stärke; sie sollten den Frieden in ihren Territorien erfolgreich durchsetzen, gleichzeitig sollten sie als Untertanen nicht zu mächtig werden (Landre 1969).

Es wäre irreführend, wollte man behaupten, daß die

jeweiligen Zeitgenossen überhaupt keine Vorstellung von einer »Rolle« hatten. Shakespeare war nicht der einzige Dramatiker der frühen Neuzeit, der seinem Publikum mitteilte, daß »jeder Mensch in seinem Leben viele Rollen spielt«. Der Autor des *Cortigiano*, der in seinem Werk erklärt, wieviel harte Arbeit notwendig ist, um zu einem dem Anschein nach natürlichen und spontanen Verhalten zu gelangen, das das Aristokratische gleichsam angeboren erscheinen läßt, hätte vom Autor von *The Presentation of Self in Everyday Life* nicht allzu viel lernen können (Castiglione 1528; Goffman 1958).

Wie dem auch sei, der systematische Gebrauch des Begriffs der »Rolle«, etwa durch Historiker, die sich mit dem frühneuzeitlichen Europa beschäftigen, kann viele vernachlässigte Züge der Kultur und der Gesellschaft jener Zeit deutlich machen, oder diese zumindest davor bewahren, bestimmte Kunstwerke vereinfacht zu interpretieren. So machen beispielsweise Portraits deutlich, was der Künstler (oder dessen Ansicht nach sein Auftraggeber) für die Pose, die Gesten, den Ausdruck und die Merkmale hielt, die zu einer bestimmten sozialen Rolle gehörten. Dazu zählten die Waffen jener Edelleute, die niemals in den Kampf zogen, ebenso wie die Bücher jener Bischöfe, die sich nie mit ihrer Lektüre beschäftigten. Wenn man im England des 16. und 17. Jahrhunderts die Rolle des hohen Adligen spielen wollte, dann mußte man eine Menge Geld für Dinge dieser Art ausgeben. Dazu zählten prächtige Kleider und ein großes Haus, ohne die der Träger dieser Rolle nicht den Respekt und die »Verehrung« hätte erwerben können, von denen er meinte, daß sie ihm zuständen. Lawrence Stone wäre der erste, der zugeben müßte, daß seine lebendige und tiefdringende Beschreibung des »verschwenderischen Konsums« des englischen Hochadels an Kleidung und Häusern, Gastfreundschaft und Beerdigungen sehr viel einem frühen Klassiker der Soziologie verdankte: Thorstein Veblens *Theory of the Leisure Class* (Veblen 1899; Stone 1966).

Man sollte allerdings hinzufügen, daß eine bestimmte soziale Gruppe in unterschiedlichen Perioden unterschiedliche Rollen spielen kann. Auch können in bestimmten Augenblicken ihre Mitglieder vor der Möglichkeit einer Rollenwahl stehen. Die Rolle des »Königs« beispielsweise weckte im England von 1760 nicht dieselben Erwartungen wie in dem von 1066. Es ist wohl möglich, etwa eine Sozialgeschichte des Künstlers in Italien zu schreiben, die die verschiedenen Rollen in den Vordergrund der Betrachtung stellt, die nacheinander vorherrschten, wobei zu jedem beliebigen Zeitpunkt unter mehreren Rollen gewählt werden konnte. So war die vorherrschende Rolle für den Künstler im mittelalterlichen Italien die des »Handwerkers«. In der Renaissance trat dann die des »Höflings« in den Vordergrund, die beispielsweise Giotto mit Geschick spielte und in der Raphael ein Meister war. Seit Mitte des 19. Jahrhunderts steht dem Künstler eine neue Rolle zur Verfügung: die des »Rebellen« (vgl. Bell 1961).

Verwandtschaft und Familie

Das deutlichste Beispiel einer Institution, die sich aus einer Reihe voneinander abhängiger Rollen zusammensetzt, ist die Familie. In den letzten Jahren ist die Familiengeschichte zur erfolgreichsten Wachstumsbranche der historischen Forschung geworden. Bei der Beschäftigung damit sahen sich viele Historiker veranlaßt, sich teilweise die Sprache der Demographie, der Soziologie und der Sozialanthropologie zunutze zu machen. Wenn man den Wandel der Familienstruktur erörtern will, dann benötigt man einfach irgendeine Art von Typologie oder Klassifizierung.

Die bekannteste Klassifizierung von Familienstrukturen geht auf den Franzosen Frédéric Le Play zurück, der zwischen drei Haupttypen unterschied. Danach gab es die patriarchalische oder – wie man heute sagt – Großfamilie, bei der die verheirateten Söhne unter dem Dach des Vaters bleiben, dann gab es die Stammfamilie (*famille souche*), bei der nur ein verheirateter Sohn im Hause bleibt, und schließlich die »Kernfamilie« oder »Ehe«, bei der alle Kinder bei der Heirat das Haus verlassen (Le Play 1871).

Unglücklicherweise ist die Definition dieser drei Typen von Familienstrukturen umstritten. Man kann sie zum einen im Hinblick auf Größe und Zusammensetzung des Haushalts bestimmen; dabei bedient man sich häufig der Daten von Volkszählungen und anderer offizieller Quellen. Diesen Ansatz vertritt die Cambridge Group for the History of Population and Social Structure. Ihr bekanntester Vertreter ist Peter Laslett. Er unterscheidet drei Arten von Haushalten: erstens den »einfachen Familienhaushalt«, der aus einer »ehelichen Familieneinheit« besteht, etwa einem Ehepaar oder einer Witwe mit ihren Kindern; zweitens den »erweiterten Familienhaushalt« (ein Ehepaar »plus einem oder mehreren Verwandten, die keine direkten Abkömmlinge sind«), und schließlich drittens den »Haushalt der Großfamilie«, zu dem »ein oder zwei Ehepaare mit Anhang gehören, die jeweils durch Verwandtschaft oder Heirat miteinander verbunden sind« (Laslett 1972).

Der Vorzug dieses Haushalts-Ansatzes ist seine wunderbare Genauigkeit, aber er ist dennoch nicht ungefährlich. Erstens können die Unterschiede zwischen den drei Haushaltstypen Phasen im Entwicklungszyklus ein und derselben Familiengruppe sein, die sich ausdehnt, solange ein junges Ehepaar Kinder hat, und wieder schrumpft, wenn die Kinder heiraten und ausziehen. Dieser Einwand, der zuerst von Sozialanthropologen erhoben worden ist, wurde sehr deutlich unterstrichen durch eine Untersuchung über Bauernfamilien im Österreich des 18. Jahrhunderts (Goody 1958; Berkner 1972).

Ein zweiter Einwand gegen die Behandlung von Haushaltsgröße und -zusammensetzung als Index der Familienstruktur führt uns wieder zurück zu der Frage nach dem Verhältnis zwischen harten und weichen Daten. Dem Historiker wie dem Soziologen geht es darum, festzustellen, wie Familienbeziehungen strukturiert werden. Aber diese Strukturen hängen möglicherweise nicht nur von der Größe des Haushalts ab. Die Familie ist nicht immer nur einfach eine Wohneinheit. Sie ist möglicherweise auch eine wirtschaftliche oder juristische Einheit. Eine Gruppe von Verwandten kann gemeinsames Eigentum besitzen und ausbeuten. Darüber hinaus ist die Familie ganz offensichtlich eine Gruppe, mit der sich ihre Mitglieder identifizieren, mit der sie sich gefühlsmäßig verbunden fühlen. Diese Vielfalt von Funktionen stellt Historiker wie Soziologen gleichermaßen vor Probleme. Die wirtschaftlichen, juristischen, wohnsitzbezogenen und gefühlsmäßigen Einheiten überlappen sich zwar, aber sie decken sich nicht unbedingt. Daher wird eine Aufstellung, die sich auf das Zusammenwohnen gründet, den Historikern möglicherweise nicht sagen, was sie am dringendsten hinsichtlich der Familienstruktur an einem gegebenen Ort zu einer bestimmten Zeit wissen müssen. Es ist beispielsweise möglich, daß Verwandte, die in verschiedenen Haushalten leben, nahe beieinander wohnen und sich buchstäblich Tag für Tag sehen. Einen Hinweis auf eine derartige Situation erbrachte eine Untersuchung über die Arbeiterklasse in East London (Young und Willmott 1957). Hier existiert ein »ehelicher« Haushalt verbunden mit einer »großfamiliären« Mentalität im Hinblick auf die Beziehung der Ehefrau zu ihrer Mutter. Eine vergleichbare Erscheinung bietet das Italien des 15. Jahrhunderts, zumindest unter den Patriziern. In Florenz beispielsweise lebten verwandte Edelleute oft in unmittelbarer Nachbarschaft, trafen einander regelmäßig in der Loggia der Familie, handelten als wirtschaftliche Gemeinschaft und arbeiteten auch in politischen Angelegenheiten eng zusammen. Die Geschichte patrizischer Geschlechter in Florenz, Venedig oder Genua kann nicht aus dem Gesichtswinkel eines Einzelhaushalts heraus geschrieben werden (Heers 1974; Kent 1977).

Sozialisation, Abweichung und soziale Kontrolle

Eine der wichtigsten Aufgaben der Familie stellt die »Sozialisation« dar. Darunter versteht man den Prozeß, durch den das soziale Erbe, insbesondere die »Normen« der Gesellschaft oder die Verhaltensregeln von einer Generation auf die nächste übertragen werden. Da sich die Historiker schon lange der Bedeutung der Übertragung der kulturellen Traditionen bewußt gewesen sind, mag man sehr wohl die Frage stellen, ob bei ihnen irgendein besonderes Bedürfnis für das

Konzept der »Sozialisation« besteht. Einer der besonderen Vorzüge dieses Begriffs liegt darin, daß er einen Hinweis auf die Tatsache enthält, daß eine Geschichte der Erziehung sich nicht darauf beschränken sollte, die Arten von Unterricht darzustellen, die in spezialisierten Institutionen wie Schulen stattfinden (vgl. Bailyn 1960). So werden politische Einstellungen beispielsweise sehr häufig nicht durch schulischen Unterricht vermittelt, sondern sie scheinen vielfach bereits früher erworben zu werden; daher erscheint es nützlich, wie es einige Historiker bereits getan haben, dem Beispiel der Politologen zu folgen und die Art und Weise der »politischen Sozialisation« in der Vergangenheit zu untersuchen. Im England des 17. Jahrhunderts wird etwa die Tatsache, daß Kinder in patriarchalisch beherrschten Familien aufwuchsen, es diesen erleichtert haben, ohne Fragen zu stellen, eine patriarchalisch regierte Gesellschaft zu akzeptieren (Schochet 1975). Der Gebrauch des Begriffs »Sozialistation« mag den Historikern auch verdeutlichen, daß es nützlich ist, das gesamte System der Rollen und Normen zu betrachten, wenn sie erklären wollen, warum es in einer bestimmten Gesellschaft ein bestimmtes System der formalen Erziehung gegeben hat. Denn ein soziales System könnte keinen Bestand haben, wenn die durch Sozialisation vermittelten Normen nicht zu den Rollen paßten, die den Erwachsenen zur Verfügung stehen.

Allerdings setzt die Vorstellung von einer »Sozialisierung« in die Normen der Gesellschaft einen Konsensus voraus, der – wie wir gesehen haben – oftmals problematisch ist. Daher besteht durchaus ein Bedarf für einen anderen soziologischen Ansatz zur Erklärung der Übertragung von Normen, der stärker die Elemente Konflikt, Klasse und

Zwang betont, wie er von Pierre Bourdieu und seinen Mitarbeitern vertreten wird. Zu Bourdieus Hauptbegriffen zählen unter anderen die »kulturelle Reproduktion«, der »Habitus« und die »symbolische Gewalt«. Mit »kultureller Reproduktion« ist die Tendenz gemeint, daß sich die Gesellschaft insgesamt und das Erziehungssystem insbesondere reproduzieren, indem sie der nachwachsenden Generation die Werte der vorausgegangenen vermitteln. Traditionen bestehen nicht automatisch infolge von Trägheit weiter, wie es die Historiker manchmal darstellen. Sie sind zum großen Teil das Ergebnis harter Arbeit von Eltern, Lehrern, Priestern, Arbeitgebern und anderen Sozialisationsagenten. Der Begriff »kulturelle Sozialisation« zeigt, wie mühsam es ist, auf der Stelle zu treten, eine bestehende Gesellschaft unverändert zu lassen. Bourdieus zweiter Begriff bezieht sich auf das, was der aufwachsenden Generation beigebracht wird. Er weist den Begriff der »Regeln« als zu mechanisch, zu wenig flexibel zurück, um das zu beschreiben, was gelernt wird, und definiert seinen alternativen Begriff des »Habitus« als »Programm, das Agenten instand setzt, eine unendliche Anzahl von Praktiken zu schaffen, die zu ständig wechselnden Situationen passen«. Sein dritter Begriff, die »symbolische Gewalt«, bezieht sich auf die Vermittlung der Kultur (Normen, Werte, Habitus) der herrschenden Klasse an Mitglieder der beherrschten Gruppen. Insbesondere geht es hier um den Prozeß, durch den die Beherrschten dazu veranlaßt werden, die herrschende Kultur als legitim anzuerkennen und die eigene Kultur für illegitim zu halten (Bourdieu 1972; Bourdieu und Passeron 1977).

Eine Geschichte des französischen oder britischen Erziehungssystems, die sich dieser Begriffe bediente, wäre eine faszinierende Angelegenheit. Wenn sie vorläge, wäre es leichter, die Stärken und Schwächen von Bourdieus Ansatz zu beurteilen. Das gleiche gilt für Basil Bernsteins anregende und umstrittene Erörterung der Sozialisationsweise, die zu »elaborierten« oder »restringierten« Sprachkodes führt (Bernstein 1970). Aber die Beschäftigung mit einer historischen Soziolinguistik steht noch ganz am Anfang. Einer Diskussion der »symbolischen Gewalt« in der Vergangenheit kommt wohl ein jüngst erschienenes Werk über Angriffe des gegenreformatorischen Klerus auf volkstümliche Formen der Religion im 16. Jahrhundert am nächsten. Dabei wird auch der Prozeß untersucht, der die Bauernschaft dazu brachte, ihre eigene überlieferte Kultur als »abergläubisch« und »götzendienerisch«, ja sogar »teuflisch« anzusehen und ihre Normen zu ändern (Delumeau 1971; Muchembled 1978).

Natürlich werden die Normen nicht immer beachtet. »Abweichung«, der soziologische Begriff für eine Verletzung von Normen in einem bestimmten sozialen System, erleichtert das Verständnis für die Tatsache der Feindseligkeit gegen Gruppen, die ansonsten sehr unterschiedlich sind, wie die Geisteskranken, die Kriminellen, die Missionare und die Revolutionäre. Der Begriff der Abweichung impliziert einen Konsens, von dem sich einige Leute entfernen, aber der Begriff steht oder fällt nicht mit der Akzeptanz einer konsensorientierten Gesellschaftsauffassung im Gegensatz zu einer konfliktorientierten. Es ist behauptet worden, daß »gesellschaftliche Gruppen abweichendes Verhalten dadurch schaffen, daß sie Regeln aufstellen, deren Verletzung abweichendes Verhalten konstituiert, und daß sie diese Regeln auf bestimmte Menschen anwenden, die sie zu Außenseitern stempeln« (Becker 1963). Danach ist die Abweichung zu sehen als Resultat des Zusammenstoßes zwischen zwei gesellschaftlichen Gruppen mit unterschiedlichen Interessen und Werten, den Etikettierern (die die Macht haben) und den Etikettierten (die machtlos sind).

Diese »Etikettierungs«theorie bietet eine andere nützliche Perspektive in Hinblick auf die Hexerei, die ja bereits oben im Rahmen »funktionalistischer« Begriffe diskutiert worden ist. Es ist kaum zu bezweifeln, daß die Autoritäten im späten Mittelalter, insbesondere die Inquisitoren, die Hexerei schufen, indem sie weise Frauen und andere Menschen als Ketzer bezeichneten und sie zu dem Bekenntnis veranlaßten, mit dem Teufel im Bunde zu sein. Damit soll nicht gesagt werden, daß sonst niemand zu dieser Zeit versuchte, anderen mit übernatürlichen Mitteln zu schaden, sondern nur, daß üble Nachreden dieser Art zum Stereotyp der Hexe gehörten (Cohn 1975).

Die Hexenjagden des 16. und 17. Jahrhunderts im Rahmen der Etikettierungstheorie zu diskutieren, bringt den Vorteil mit sich, daß die Historiker dadurch ermutigt werden zu fragen, wer wen und warum etikettiert. In ähnlicher Weise scheint es nützlich, das Problem der sogenannten »standhaften Bettler« des Elisabethanischen England im Rahmen der Etikettierungstheorie zu betrachten und zu fragen, warum die herrschende Klasse in körperlich gesunden Vagabunden, die man später wohl als »Arbeitslose« bezeichnet hätte, nichts als Herumlungerer sah. In seinem vielgerühmten Buch über die Geschichte des Irrsinns hat Michel Foucault die Geisteskrankheit aus einem ähnlichen Blickwinkel betrachtet. Was er die »große Einschließung« nennt, die Gründung des Hôpital Général für die Armen und Irren in Paris im Jahre 1656 und die darauf folgende Gründung ähnlicher

Hospitäler in den Provinzen, interpretiert er als »Beispiel der Ordnung, der monarchischen und bürgerlichen Ordnung, wie sie in Frankreich während dieser Periode begründet wurde«; damit sind die ersten Regierungsjahre Ludwig XIV. gemeint (Foucault 1961).

Die Idee, daß die Autoritäten die Abweichung schaffen, ist eine schockierende soziologische Vorstellung, die für Historiker von Nutzen sein mag. Ähnliches gilt für den Gedanken, daß »einige soziale Strukturelemente auf gewisse Personen dahingehend einen Druck ausüben, sich eher in nichtkonformistischer Weise als in konformistischer zu betätigen« (Merton 1949). Wir haben bereits erfahren, daß in der mediterranen Welt des späten 16. Jahrhunderts das Banditentum weit verbreitet war und daß auch eine große Zahl von Angehörigen des Adels zu den Banditen zählte (Braudel 1949). Damals konnten in jenem Raum Adlige keine Arbeit verrichten, ohne ihrer Ehre verlustig zu gehen. Auch Bettelei galt als unehrenhaft. Für einen verarmten Adligen stellte daher die Räuberei die einzige Alternative zum Hunger dar. In dieser Hinsicht wurde er sozusagen zur Abweichung sozialisiert. Diese paradoxe Situation macht uns deutlich, daß es gefährlich ist anzunehmen, die Normen einer bestimmten Gesellschaft seien in sich vollständig konsistent.

Dennoch wird Abweichung bestraft und Anpassung belohnt. Diesen Prozeß nennen die Soziologen häufig »soziale Kontrolle« und meinen damit die Kontrolle, die die »Gesellschaft« über die Individuen ausübt. Die Vorstellung von der »sozialen Kontrolle« ähnelt in gewisser Weise der von der »öffentlichen Meinung«, die den Historikern schon seit langem bekannt ist. Zur Definition sind hier die Begriffe Konsens und Gleichgewicht nützlich. Unter sozialer Kontrolle ist die Durchsetzung des Konsenses hinsichtlich der Normen zu verstehen sowie der Mechanismus für die Wiederherstellung des gesellschaftlichen Gleichgewichts, das durch die Abweichler bedroht wird. Eine Kernfrage bleibt dabei allerdings unbeantwortet: Wer ist eigentlich »die Gesellschaft«? Oder auch: Wer ist eigentlich »die Öffentlichkeit«? Wenn eine bestimmte Gesellschaft einheitlich und harmonisch ist, dann mögen diese Begriffe ihren Nutzen haben; wenn sich jedoch eine Gesellschaft aus Gruppen zusammensetzt, die miteinander in Konflikt stehen, dann hat jede dieser Gruppen ihre eigenen Werte, und der Begriff der »sozialen Kontrolle« kann allzu leicht in die Irre führen.

Der Begriff scheint am ehesten nützlich zu sein, wenn es darum geht, Konfrontationen zwischen Nonkonformisten und der Gesellschaft zu analysieren. Beispiele hierfür aus klassischen Werken der Soziologie sind der Tarifbrecher in der Fabrik oder der gemeine Soldat, der den Offizieren »in den Arsch kriecht« (Roethlisberger und Dickson 1941; Stouffer et al. 1949). Für den Historiker des vorindustriellen Europa ist die Katzenmusik (Charivari) eine der auffallendsten Formen der sozialen Kontrolle. Der alte Mann, der ein junges Mädchen heiratete, oder der Ehemann, der sich von seinem Weibe schlagen ließ, hatte die Normen der Gesellschaft übertreten und wurde im Namen der Gemeinschaft von den Maskierten bestraft (Davis 1971; Thompson 1972). Aber selbst hier ist nicht ganz deutlich, wer denn eigentlich unter »Gemeinschaft« zu verstehen ist: alle Dorfbewohner oder nur diejenigen, die die Katzenmusik organisiert haben? Betrachteten die älteren Männer oder die Frauen die Situation in der gleichen Weise?

Eine neuere Untersuchung über die Beichte im 15. Jahrhundert bezeichnet diese als » Instrument der sozialen Kontrolle« (Tentler 1974). Dies ist ein wenig gefährlich. Wenn die Laien unter Abweichung (»Sünde«) dasselbe verstanden wie die Priester, dann ist das alles schön und gut; aber wir können nicht sicher sein, daß dies im 15. Jahrhundert der Fall war. Wenn man dagegen die Beichte als Instrument der »symbolischen Gewalt« bezeichnet, müßte man das Gegenteil annehmen, und dies wäre angesichts der Beweislage ebenso gefährlich. Noch gefährlicher scheint es zu sein, wenn man die Beziehungen eines englischen Großgrundbesitzers im 18. Jahrhundert zu seinen Pächtern mit Begriffen aus dem Zusammenhang der Theorie der sozialen Kontrolle erörtert. Dabei setzte der Gutsherr doch nicht die Normen der Dorfgemeinschaft durch (ja er verstieß möglicherweise sogar gegen diese Normen, wenn er Wilderer bestrafte), sondern er übte Macht im eigenen Interesse aus oder setzte ebenfalls eine Reihe rivalisierender Normen durch, nämlich die der Zentralregierung oder seiner eigenen Klasse (Perkin 1969; vgl. dagegen E. P. Thompson 1975; vgl. Donajgrodzki 1977).

Mit dem Wort »Klasse« taucht jedoch eines der drängendsten begrifflichen Probleme im Gesamtbereich von Sozialgeschichte und Soziologie auf.

Soziale Klasse und soziale Schichtung

Hinsichtlich der sozialen Schichtung sind Historiker besonders der Gefahr ausgesetzt, technische Begriffe wie »Kaste«, »Mobilität« usw. zu benutzen, ohne sich all der damit verbundenen Probleme sowie der Begriffsdifferenzierungen bewußt zu sein, die die Soziologen als nützlich erkannt haben. Insbesondere der Begriff Klasse ist gleichermaßen zweideutig wie unentbehrlich. In fast allen Gesellschaften gibt es Ungleichheiten der Verteilung von Wohlstand und anderer Vorteile wie etwa Status und Macht. Jedoch ist es oft schwierig, die Grundsätze zu erkennen, nach denen diese Vorteile verteilt werden, oder die sozialen Beziehungen zu beschreiben, die sich aus diesen Ungleichheiten ergeben. Zu diesen Beziehungen zählen der Sinn für Solidarität innerhalb einer bestimmten Gruppe, der Sinn für Unterschiede (und möglicherweise auch Konflikte) gegenüber anderen Gruppen und der Sinn für Hierarchie, d.h. die relative Stellung anderen gegenüber. Wenn man derartige Beziehungen beschreiben will, dann ist es wohl unmöglich, dabei ohne Metaphern auszukommen, ganz gleich, ob wir von einer sozialen »Leiter« oder »Pyramide« sprechen oder das aus der Geologie stammende Bild von der sozialen »Schichtung« vorziehen.

Ein Historiker kann mit Recht die Frage aufwerfen, was denn daran falsch ist, das Bild der Handelnden von einer gegebenen sozialen Struktur zu akzeptieren statt ein modernes zu verwenden, denn die Zeitgenossen kannten ja ihre Gesellschaft von innen. Die Bewohner eines französischen Dorfes im 17. Jahrhundert verstanden ihre dörfliche Gesellschaft wohl besser, als wir es je können werden. Aber wie sahen sie ihre Provinz oder Frankreich als ganzes? Die Historiker unserer Zeit, mit ihrem Zugang zu offiziellen Dokumenten und ihren quantitativen Methoden sind in mancher Hinsicht besser informiert als die Zeitgenossen über die Verteilung des Wohlstandes und anderer Vorteile im Frankreich des 17. Jahrhunderts.

Es gibt noch einen weiteren Grund, die zeitgenössischen Ansichten über eine bestimmte Gesellschaft nicht zu akzeptieren: allzu häufig nämlich widersprechen diese einander. Die Pyramide kann ganz unterschiedlich aussehen, je nach der Position, die man in ihr einnimmt. Manche zeitgenössische Stellungnahmen im Hinblick auf die soziale Struktur stellen eher Rechtfertigungen dar denn unvoreingenommene Beschreibungen. Im Mittelpunkt des traditionellen mittelalterlichen Gesellschaftsbildes stand die gegenseitige Abhängigkeit zwischen drei Gruppen: dem Klerus, den Rittern und den Bauern. Jedoch erscheint diese Einteilung der Gesellschaft in »Betende, Kämpfende und Arbeitende« allzu sehr als Rechtfertigung von Nicht-Arbeitenden durch Nicht-Arbeitende. Wenn zeitgenössische Ansichten auch einen unverzichtbaren Teil der Daten liefern, die analysiert werden müssen, so stellen sie doch mit hoher Wahrscheinlichkeit nicht den angemessensten Rahmen für diese Analyse dar.

In diesem Bereich ist es noch schwieriger als anderswo in der Sozialgeschichte, ohne ein Modell auszukommen (Ossowski 1957; Stone 1966). Das bekannteste Modell ist natürlich jenes von Marx, obwohl das Kapitel über »Klasse« im *Kapital* nur aus einem Fragment von wenigen Zeilen besteht. Aus den übrigen Schriften von Marx kann man dieses fehlende Kapitel wie ein Puzzle zusammenfügen (Bendix und Lipset 1953; Dahrendorf 1957).

Für Marx stellt eine Klasse eine gesellschaftliche Gruppe mit einer besonderen Funktion im Produktionsprozeß dar. Grundbesitzer, Kapitaleigentümer und Arbeiter, die nichts besitzen als ihre Arbeitskraft, bilden die drei großen sozialen Klassen; dem entsprechen die drei Produktionsfaktoren der klassischen Ökonomie: Land, Arbeit, Kapital. Aufgrund ihrer unterschiedlichen Funktionen haben diese Klassen miteinander im Widerspruch stehende Interessen, die sie veranlassen, auf unterschiedliche Weise zu denken und zu handeln. Und eben deshalb ist die Geschichte von Klassenkämpfen bestimmt.

Die Kritik, die am häufigsten gegen dieses Modell vorgebracht wird, ist gleichzeitig die am wenigsten faire; sie wirft ihm Vereinfachung vor. Es ist aber gerade die Aufgabe eines Modells, zu vereinfachen, damit die Realität verständlicher wird. Wenn ein Sozialhistoriker sich etwa auf der Grundlage offizieller Dokumente wie dem Zensus mit dem Großbritannien des 19. Jahrhunderts beschäftigt, dann wird er feststellen, daß die Bevölkerung in eine verwirrende Anzahl von Beschäftigungskategorien unterteilt ist. Um zu Verallgemeinerungen über die britische Gesellschaft zu gelangen, ist es notwendig, diese Kategorien zu breiteren Aussagen zusammenzufassen. Marx bietet hier dem Sozialhistoriker einige umfassende Kategorien und macht seine Wahl derselben plausibel. In diesem Sinne liefert er der Sozialgeschichte das »Rückgrat«, dessen sie schon immer bedurfte. Er betont die Unterschiede *zwischen* seinen drei Hauptgruppen auf Kosten der Unterschiede *innerhalb* derselben; er vernachlässigt Ausnahmefälle, etwa den kleinen Selbständigen, der in keine der drei Kategorien paßt; aber ein Modell kann ja ohne Simplifizierungen nicht auskommen.

Störender ist die Tatsache, daß Marx' Modell gar nicht so klar und einfach ist, wie es ausschaut. Er benutzt den Begiff »Klasse« in mehreren verschiedenen Bedeutungen. Manchmal unterscheidet er zwischen drei Klassen: den Eigentümern von Land, Kapital und Arbeitskraft, manchmal nur zwischen zweien: Ausbeutern und Ausgebeuteten, Unterdrückern und Unterdrückten. Zuweilen verwendet er eine breit angelegte Definition des Klassenbegriffs, zuweilen eine engere. Nach der weiteren Definition stellten römische Sklaven und Plebejer, mittelalterliche Leibeigene und Handwerksgesellen Klassen dar (oder waren zumindest Teile der einen arbeitenden Klasse), weil ihre Interessen mit denen ihrer Herren und Meister zusammenstießen. Nach der anderen Definition bildeten die französischen Bauern im Jahre 1850 keine Klasse, weil es ihnen an Klassenbewußtsein mangelte, weil sie mit anderen Worten keinen Sinn für Solidarität besaßen, der regionale Grenzen überschritt. Nach Marx bildeten sie keine Gemeinschaft, sondern nur eine Ansammlung ähnlicher, aber unterschiedlicher Leute, sie ähnelten in dieser Hinsicht sozusagen »einem Sack Kartoffeln«.

Es überrascht kaum, daß jene Historiker, die sich mit dem Europa des 19. Jahrhunderts und insbesondere mit England befassen, Marx' Modell am nützlichsten gefunden haben: In dieser Gesellschaft hatte Marx ja auch geschrieben und war der Begriff Klasse in die Umgangssprache eingegangen (E. P Thompson 1963; Perkin 1969). Für Gesellschaften anderer Art mögen andere Modelle angemessener gewesen sein, und zwar solche Modelle, die soziale Gruppen nicht aufgrund ihrer Stellung im Produktionsprozeß, sondern mit Hilfe anderer Kriterien unterscheiden. Im Falle Indiens bietet sich ganz offensichtlich das »Kasten«modell an. Darunter ist ein Schichtungssystem zu verstehen, dessen Grundprinzip der Gegensatz zwischen den »Reinen« und den »Unreinen« ist. Für das vorindustrielle Europa gibt es gute Gründe, das Modell des »Standes« oder der »Statusgruppe« zu wählen, wie Max Weber sie definiert hat.

Weber unterschied »Klassen«, definiert als Gruppen von

Menschen, deren Lebenschancen von der Marktlage bestimmt wurden, von Ständen, deren Schicksal durch den Status oder die ständische Ehre, die man ihnen zubilligte, beherrscht wurde. Der Status der letztgenannten Gruppen wurde durch Geburt erworben, gesetzlich definiert und konnte mit Macht und Privilegien verbunden sein. Ein hoher Status war durch das gekennzeichnet, was der amerikanische Soziologe Thorstein Veblen als »Verschwendungskonsum« bezeichnet hatte (Veblen 1899). Während Marx Klassen von der Produktion her definierte, bestimmte Weber seine Stände auf der Grundlage des Konsums. In diesem Sinne stand der amerikanische Soziologe, der den Status nach dem Maßstab der »Wohnraumgröße« festlegen wollte, in der Tradition von Max Weber. Jedoch waren Konsummuster für Weber nicht immer verläßliche Indizien für den Status. Er war sich möglicher Diskrepanzen bei der Verteilung von Lebenschancen durchaus bewußt. Langfristig bestimmte seiner Ansicht nach der Besitz den Status, aber kurzfristig »können Besitzende und Besitzlose zum gleichen Stand gehören« (Weber 1921).

Webers Modell wurde als Alternative zu dem von Marx entwickelt, und die Marxisten ihrerseits haben in Reaktion auf Weber ausgeführt, daß beispielsweise Werte wie der »Status« nicht Ausdruck des Konsensus in einer bestimmten Gesellschaft sind, sondern Werte, die die herrschende Klasse allen anderen gegenüber durchsetzt (Parkin 1971). Diese Debatte wird dadurch noch komplizierter, daß beide unterschiedliche Interessen vertraten und verschiedene Fragen hinsichtlich der Ungleichheit zu beantworten versuchten. Marx interessierte sich in erster Linie für Herrschaft und Konflikte, Weber dagegen für Werte und Lebensstile.

Entsprechend kann man das Klassen- und Status-Modell wie auch das Konflikt- und Konsensmodell eher als einander ergänzende denn als einander ausschließende Weisen der Gesellschaftsbetrachtung ansehen. Wobei jedes von ihnen einige Grundzüge besonders deutlich macht, während es andere dabei verschleiert (Ossowski 1957).

Dieses gegenseitige Sich-Ergänzen beider Modelle wird deutlich sichtbar, wenn man untersucht, wie die beiden konkurrierenden Modelle bei der Analyse einer vorindustriellen Gesellschaft, nämlich der Frankreichs im 17. und 18. Jahrhundert, angewandt worden sind. Kurz nach dem zweiten Weltkrieg veröffentlichte der sowjetische Historiker Boris Porschnew ein Buch über Volkserhebungen zwischen 1623 und 1648, das die französische Gesellschaft in der Sprache der Klassenanalyse beschrieb. Es betonte die Konflikte zwischen Großgrundbesitzern und Pächtern, zwischen Handwerksmeistern und Gesellen, Herrschern und Beherrschten (Porschnew 1948).

Diese marxistische Analyse wurde von dem französischen Historiker Roland Mousnier mit Nachdruck zurückgewiesen, der stattdessen ein Modell der französischen Gesellschaftsstruktur vorschlug, das an Max Webers Statusgruppen erinnerte. Mousnier vertrat damals wie heute die Ansicht, daß die fundamentalen Trennungslinien in der französischen Gesellschaft des 17. Jahrhunderts zwischen dem Klerus, dem Adel und dem Rest verliefen, d. h. zwischen den drei Ständen. Er beschuldigte Porschnew des Anachronismus, weil er den Begriff Klasse im Zusammenhang mit dem 17. Jahrhundert anwandte. Mousnier dagegen nahm die Ansichten aus jener Zeit über die französische Gesellschaft ernst und unterstellte, daß es zwischen diesen einen Konsens gab. Insbesondere stützte er sich auf ein Traktat über »Stände« und »Würde« des Anwalts Charles Loyseau, den Porschnew als den Versuch eines geadelten Bürgers betrachtet hatte, die sozialen Ansprüche der Gruppe zu rechtfertigen, zu der er gehörte. Während Porschnew den Begriff »Bourgeoisie« mehr oder weniger im Sinne der Marxschen Definition benutzte (wobei er allerdings einräumen mußte, daß die Bourgeoisie des 17. Jahrhunderts ihr Kapital in Land oder »Ämtern«, etwa Magistraturen, anlegte, statt in der Industrie), erörterte Mousnier, wie man den Begriff »Bourgeoisie« in der entsprechenden Periode selbst verwandt hatte. Wie Weber betonte er die Tatsache, daß Reichtum allein nicht den Status bestimmte, so daß ein armer Adliger in der sozialen Stufenleiter höher stand als ein reicher Kaufmann. Er stellte die These auf, daß die »vertikale Solidarität« zwischen Grundherr und Pächter oder Meister und Geselle zu jener Zeit stärker war als die »horizontale Solidarität« zwischen gleichen (Mousnier 1969).

Diesen unterschiedlichen Modellen der Sozialstruktur entsprechen unterschiedliche Analysen der Volksaufstände im Frankreich des 17. Jahrhunderts. Für Porschnew waren die Rebellen sich des Zieles bewußt, die herrschende Klasse zu stürzen und das Feudalregime, das sie unterjochte, zu beenden. Mousnier dagegen sieht in den Revolten »blinde Wutausbrüche« ohne zusammenhängendes Programm. Porschnew nimmt an, daß in allen Regionen die Bauern gegen die adligen Großgrundbesitzer zusammenhielten und ihre Schlösser niederbrannten, während Mousnier annimmt, daß allerorten Herren und Bauern gegen die Zentralregierung zusammenarbeiteten; sie vereinigten ihre Kräfte, um die Steuereintreiber aus dem Hinterhalt zu überfallen. Jeder

Historiker ist in der Lage, Beispiele anzuführen, die seine Art der Interpretation bestätigen, aber die Quellenlage ist zu bruchstückhaft, um entscheiden zu können, welche Beispiele die wirklich typischen sind. Da die Revolten nicht genug Licht auf die Sozialstruktur werfen, sind wir wiederum gezwungen, im Licht der Sozialstruktur die Revolten zu betrachten.

Weder rechtswissenschaftliche Abhandlungen über die drei Stände des Reiches noch offizielle Berichte an die Zentralregierung über Unruhen in der Bevölkerung sind ideale Belege für das Wesen einer Gesellschaftsstruktur. Diese Quellen entsprechen ungefähr dem, was Soziologen den Selbsteinschätzungs- oder den »Reputations«-Ansatz nennen. Dabei fordern Interviewer oder Fragebögen die Befragten auf, entweder ihre eigene Position oder die anderer in der gesellschaftlichen Hierarchie einzuschätzen. Quellen dieser Art müssen durch das ergänzt werden, was Soziologen den »objektiven Ansatz« nennen. Dabei geht es dann darum, was die Leute tun, und nicht darum, was sie sagen. Insbesondere wird untersucht, wer miteinander eine Ehe eingeht, denn Heiraten zwischen Angehörigen unterschiedlicher Gruppen sind wohl ein guter Indikator für soziale Gleichheit.

Dieser dritte Ansatz wurde auch von den Historikern des Ancien régime in Frankreich vertreten. So untersuchte man beispielsweise alle erhaltenen Heiratsverträge in den Akten der Pariser Notariate für das Jahr 1749 (dabei handelte es sich genau um 2.597 Verträge), um die gesellschaftliche und berufliche Hierarchie im Paris jener Zeit zu bestimmen. Dreizehn soziale Kategorien vom Handwerksgesellen bis zum Adligen wurden festgelegt auf der Grundlage von drei Kriterien: Beruf, Vermögen und Ehe (Daumard und Furet 1961).

Auch diese Untersuchung wurde von Mousnier heftig angegriffen. Er beschuldigte die Autoren des Anachronismus, weil sie die Verbindungen zwischen wirtschaftlichen und gesellschaftlichen Hierarchien betonen und weil sie ihre wirtschaftlich-gesellschaftlichen Kategorien aus Untersuchungen der Mitte des 20. Jahrhunderts übernehmen, die das INS (Institut National des Statistiques) durchführte (Mousnier 1964). Eine etwas anders geartete quantitative Untersuchung der Sozialstruktur wurde dann später von Mousniers Schülern durchgeführt. Sie betrifft die kleine Stadt Châteaudun zwischen 1525 und 1785. Wie auch die Untersuchung von Daumard und Furet stützt sich diese auf die Anwendung von Computern und interpretiert die Heiratsstatistiken, um dazustellen, wer wen als gleichrangig empfand. Jedoch sind die vier Grundkategorien bewußt vager als die dreizehn Kategorien von Daumard und Furet. Sie umfassen den Klerus, die Höhergestellten (groupes supérieures), Handwerker und Ladenbesitzer sowie die Unterschichten (basses couches) (Couturier 1969).

Wie in Frankreich, so haben sich auch in England Historiker des 17. und 18. Jahrhunderts mit dem Problem beschäftigt, eine Vorstellung von der Sozialstruktur zu entwickeln. Lawrence Stone hat zwei Modelle der englischen Gesellschaft um 1500 einander gegenübergestellt: das Modell der »Vereinten Nationen« um 1500, bei dem hoher und niederer Adel über alle herrschten, und das »San Gimignano«-Modell der englischen Gesellschaft zweihundert Jahre danach, als verschiedene Berufsgruppen wie die Juristen, der Klerus und die Mediziner einen so hohen Status erreicht hatten, daß sie mit der Gentry konkurrieren konnten (Stone 1966). Im 18. Jahrhundert besteht das Kernproblem darin, die Gruppen am Boden der sozialen Pyramide zu charakterisieren. Edward Thompson, der seine Aufmerksamkeit der Zeit vor »Entstehung der englischen Arbeiterklasse« zugewandt hat, spricht vom »Plebs« des 18. im Gegensatz zur »Arbeiterklasse« des 19. Jahrhunderts. Der Plebs stellt keine Klasse dar, weil es ihm an Klassenbewußtsein mangelte. Vertikale Solidarität war immer noch wichtiger als horizontale. Andererseits jedoch war die vertikale Solidarität nicht so stark, daß der Plebs nicht gegen die etablierte Ordnung revoltierte. Es gab durchaus Revolten, aber sie unterschieden sich von jenen des 19. Jahrhunderts. Thompson faßt sie unter dem paradoxen Begriff des »Klassenkampfes ohne Klasse« zusammen (E. P. Thompson 1963, 1978).

Diese kurze Zusammenfassung eines kontroversen Themas, des begrifflich kompliziertesten in der Sozialgeschichte, legt zwei vorläufige Schlußfolgerungen nahe. Die erste betrifft Ossowskis These, daß zwei rivalisierende Modelle bei der Analyse ein und derselben Gesellschaft hilfreich sein mögen. Die Anwendung der INS-Kategorien zur Analyse der Pariser Gesellschaft von 1749 hat den Vorteil, Vergleiche mit dem Paris zweihundert Jahre später zu gestatten und gleichzeitig Unterschiede festzustellen. Andererseits erleichtert es eine Analyse mit den Begriffen des 18. Jahrhunderts, das Verhalten im 18. Jahrhundert zu verstehen. Jedoch weisen das »Klassen«modell und das »Standes«modell den Benutzer nur auf einige der sozialen Beziehungen im Frankreich des 17. Jahrhunderts hin – um den Preis, andere zu verschleiern. Es ist unwahrscheinlich, daß Weber, der die Aufmerksamkeit auf einige Beispiele des »Klassenhandelns« im vorindustriellen Europa gelenkt hat, von dieser Schlußfolgerung überrascht sein würde.

Hinzu kommt außerdem, daß zwar beide Modelle uns helfen, die zwei Arten von Gesellschaft zu verstehen, doch scheint das »Standes«modell von besonderer Bedeutung für das Verständnis vorindustrieller Gesellschaften und das Klassenmodell für das industrieller. Im ersten Fall haben formale Definitionen sozialer Hierarchien eine größere Bedeutung, im zweiten dagegen informelle. Die wachsende Interdependenz verschiedener Regionen in der kapitalistischen Wirtschaftsweise fördert natürlich das Klassenbewußtsein (Hobsbawm 1971a).

Soziale Mobilität

Wie der Begriff »Klasse« ist auch der Begriff der »sozialen Mobilität« den Historikern wohlbekannt. Dies gilt auch für Joseph A. Schumpeters berühmtes Gleichnis: »Die oberen Schichten der Gesellschaft ähneln Hotels, die immer voller Menschen sind, aber es sind immer wieder andere Menschen.« In den letzten Jahren haben sich wissenschaftliche Kongresse und Sonderhefte von Fachzeitschriften mit dem Thema der sozialen Mobilität in der Geschichte beschäftigt. Dennoch scheinen einige Begriffsunterscheidungen sinnvoll, um Fallstricke zu vermeiden. Drei Unterscheidungen haben sich dabei als besonders nützlich erwiesen: Die erste ist die zwischen aufwärts und abwärts gerichteter Mobilität auf der sozialen Leiter, obwohl es kaum Untersuchungen über die Mobilität nach unten gibt. Die zweite Unterscheidung betrifft die Mobilität innerhalb einer individuellen Lebensspanne (»intragenerational«) im Gegensatz zur Mobilität über einige Generationen hinweg (»intergenerational«). Die dritte Unterscheidung ist die zwischen individueller Mobilität und Gruppenmobilität. Diese Unterscheidung wurde manchmal übersehen bei der berühmten Kontroverse der fünfziger Jahre über den sogenannten »Aufstieg der Gentry« in England zwischen 1540 und 1640. Man muß zwischen dem Aufstieg der Gentry im Verhältnis zu anderen gesellschaftlichen Gruppen und dem Aufstieg von Einzelpersonen aus der Gentry in den Hochadel oder von unten in die Gentry unterscheiden. Gruppenmobilität im strengen Sinne ist mit einem Wandel der Sozialstruktur verbunden: in Schumpeters Hotel werden einige zusätzliche Zimmer angebaut.

Ein Teilnehmer bei einem Kongreß über soziale Mobilität hat einmal ausgeführt, daß Historiker, gleich welcher Periode, etwas dagegen haben, wenn man die von ihnen betrachtete Gesellschaft als statisch ansieht; sie bestehen darauf, daß gerade sie »flüssig«, »offen« oder »mobil« sei. Wahrscheinlich hat sich keine in Schichten differenzierte Gesellschaft jemals in einem Zustand der Nicht-Mobilität befunden, was ja bedeutet hätte, daß alle Kinder das gleiche Maß an Wohlstand, den gleichen Status und die gleiche Macht besessen hätten wie ihre Eltern. Wenn es um die soziale Mobilität in einer bestehenden Gesellschaft geht, dann sicher immer nur um eine relative. War die Mobilitätsrate im England des 17. Jahrhunderts etwa höher als im England des 15. Jahrhunderts? Wie war sie im Frankreich und im Japan des 17. Jahrhunderts? Ein quantitativ vergleichender Ansatz drängt sich hier geradezu auf. Im Falle der Industriegesellschaften des 20. Jahrhunderts sind derartige Untersuchungen bereits durchgeführt worden, und wenn auch in Amerika die Chancengleichheit immer wieder hervorgehoben wird, so war die soziale Mobilität in Europa nicht geringer als in den Vereinigten Staaten (Lipset und Bendix 1959). Es wäre schon faszinierend, gäbe es eine Untersuchung wie die von Lipset und Bendix für die vorindustriellen Gesellschaften unter Vermeidung der Fallstricke der vergleichenden Methode.

Ein Beispiel für die Verwicklung in derartige Fallstricke stellt eine Untersuchung über China in der Ming- und der Ch'ing-Periode (1368-1911) dar, in der die These vertreten wurde, in China habe es zu dieser Zeit eine offenere Gesellschaft gegeben als im Europa der gleichen Zeit (Ping-Ti 1958-59). Als Beweis für die hohe Rate an sozialer Mobilität sollten die Listen der erfolgreichen Kandidaten für die Aufnahmeprüfungen in den öffentlichen Dienst gelten, die auch Information über die soziale Herkunft dieser Kandidaten enthielten. Dagegen wurde von einem Kritiker der Einwand vorgebracht: »Daten über die sozialen Ursprünge einer herrschenden Klasse sagen über die allgemeine gesellschaftliche Mobilität und über die Lebenschancen der Angehörigen der Unterklasse nichts aus.« Dazu sei die relative Größe der Elite zu gering, die sich nach ihrem Anteil an der Gesamtbevölkerung bemesse, und die chinesischen Mandarine bildeten eben wie die meisten Eliten nur eine kleine Gruppe (Dibble 1960-61).

Die verschiedenen Arten der sozialen Mobilität stellen ein weiteres faszinierendes Thema der vergleichenden Geschichtsschreibung dar. Das chinesische Prüfungssystem existierte vom Ende des 6. bis zum Beginn des 20. Jahrhunderts. Im Westen pflegte man einen Fremden, dessen Status unbekannt war, nach seinem Vater zu fragen, aber in China erkundigte man sich danach, welche Examina er abgelegt habe. Das Ottomanische Reich kannte das »Knabenopfer«, ein System, das die Rekrutierung der Eliten in Verwaltung und Militär aus der unterdrückten christlichen Bevölkerung gewährleistete. Man wählte die Kandidaten aufgrund ihrer Begabung aus, sorgte für ihre Anpassung, gab ihnen eine gute Erziehung und setzte sie dann als Beamte und Soldaten ein. Man veranlaßte auch ihren Übertritt zum Islam und schnitt sie damit von ihren kulturellen Wurzeln ab, dies erhöhte ihre Abhängigkeit vom Sultan, aber es verhinderte auch, daß Amtsstellungen vererbbar wurden (Parry 1969). Im vorindustriellen Europa war die Kirche eine Institution, in der Aufstieg aufgrund von Begabung ohne Berücksichtigung der Herkunft die Regel war. Von großem Interesse wäre eine vergleichende Studie über die unterschiedlichen Chancen sozialer Mobilität, die die Kirche in verschiedenen Regionen und Zeiten bot.

Eine weitere wohlbekannte Bresche für die soziale Mobilität bildete im vorindustriellen Europa das Justizwesen. Seine Bedeutung in dieser Hinsicht wurde im England des 15. Jahrhunderts ebenso festgestellt wie im Deutschland des 16. und im Frankreich des 17. Jahrhunderts. Überall in Europa benötigte man im 16. und 17. Jahrhundert Juristen für die im Wachstum befindliche staatliche Bürokratie. Ehrgeizige Väter veranlaßten ihre Söhne zum Studium der Rechte, um ihnen Aufstiegsmöglichkeiten zu erschließen, sei es nun in der privaten Anwaltskanzlei oder im Regierungsdienst. Die Absichten von Petrarcas Vater gingen ebenso in diese Richtung wie die der Väter von Luther und Calvin, jedoch wurden in all diesen Fällen die elterlichen Hoffnungen nicht erfüllt. Aber es gab auch weniger orthodoxe Wege zum sozialen Aufstieg. Einige Soziologen haben die Kriminalität als Mittel der sozialen Mobilität für soziale Gruppen untersucht, denen andere Wege zum Erfolg verschlossen waren; dies betraf etwa die Iren und Italiener in den Vereinigten Staaten zu Anfang des 20. Jahrhunderts (Bell 1953).

Bürokratie

Politisch interessierte Historiker, die Verallgemeinerungen hinsichtlich institutioneller Wandlungen in einem oder mehreren Staaten in einem bestimmten Zeitabschnitt vornahmen, haben Begriffe geprägt wie »Staat als Kunstwerk«, »neue Monarchien«, »Tudorrevolution in der Verwaltung«, »Aufstieg des Absolutismus«, »Verwaltungsrevolutionen des 19. Jahrhunderts« usw. Für einen Soziologen erscheinen all diese nationalen Beispiele wie Übergangsstufen von einem Grundtypus von Regierungssystem zu einem anderen; nach Max Weber handelte es sich hier um den Übergang vom »patrimonialen« zum »bürokratischen« System. Max Webers Typologie bildete einen der wichtigsten Beiträge zur Theorie der politischen Organisation, seit die Griechen den Unterschied zwischen Monarchie, Aristokratie und Demokratie herausarbeiteten. Weber definierte die bürokratische Verwaltung als ein von Personen unabhängiges System, das scharf zwischen öffentlicher und privater Sphäre unterschied. In einem bürokratischen System obliegt die Verwaltung Berufsbeamten, die aufgrund formaler Verfahren (wie Prüfungen) ernannt werden. Sie genießen eine spezielle Ausbildung für ihren Beruf, sind in einer formalen Hierarchie organisiert, erstellen schriftliche Berichte und wirken innerhalb festgelegter Zuständigkeitsbereiche. Das patrimoniale System stellt das Gegenteil all dessen dar. Es kennt keine Berufsbeamten, ist informell organisiert, bedient sich mündlicher Befehle, die

Zuständigkeitsbereiche überschneiden sich, und es gibt kaum Unterscheidungen zwischen öffentlicher und privater Sphäre. Weber hielt das bürokratische System für »rational« im Gegensatz zu »traditionalen« Ordnungen; und er betrachtete den Prozeß der Bürokratisierung als einen der wichtigsten Grundzüge in der Geschichte des Westens, ähnlich dem Kapitalismus, mit dem er in engem Zusammenhang stand (Weber 1920/21).

Offensichtlich repräsentierten die Verwaltungsreformen im Großbritannien des 19. Jahrhunderts, etwa die Öffnung des Civil Service für den Wettbewerb und die Abschaffung der Patronage, einen Schritt in Richtung des von Max Weber so genannten bürokratischen Modells. Unter Webers Einfluß haben einige Verwaltungshistoriker in letzter Zeit stärker soziologisch orientierte Fragen gestellt. Dies gilt insbesondere für Historiker, die sich mit der preußischen Geschichte beschäftigen, denn das preußische System war, wie das chinesische, eine der berühmtesten Bürokratien der Welt, und es hat ohne Zweifel Webers Typologie in erster Linie beeinflußt. Eine jüngere Untersuchung der preußischen Bürokratie »in der Krise« um die Mitte des 19. Jahrhunderts bedient sich daher des Weberschen Ansatzes, konzentriert sich auf die Muster der Rekrutierung und Ausbildung sowie auf die Entwicklung »in wachsendem Maße rationaler und funktionaler Denkweisen«. Die Modernisierung der preußischen Bürokratie wird in Beziehung gesetzt zu Industrialisierung und Verstädterung, die sich zur gleichen Zeit in Deutschland vollzogen (Gillis 1971).

Mit den Fragestellungen Max Webers wurde auch die Verwaltung des vorindustriellen Europa untersucht, insbesondere in Preußen im 18. und in England im 17. Jahrhundert

(Rosenberg 1958; Aylmer 1961, 1973). Dabei muß man sich darüber im klaren sein, daß es zwar einen langfristigen Trend zum bürokratischen System gab, der Wandel sich jedoch langsam vollzog. Frankreich im 17. Jahrhundert, das Land von Richelieu und Colbert, Le Tellier und Louvois, repräsentierte nach Webers Kriterien einen der bürokratischsten Staaten in Europa; dennoch bestanden viele Praktiken des patrimonialen Systems weiterhin. Richelieu beispielsweise ging mit offiziellen Dokumenten so um, als seien sie sein Privateigentum; viele davon vermachte er testamentarisch seiner Nichte. Seine Untergebenen wählte er eher nach persönlichen denn nach objektiven Kriterien aus; er suchte nicht nach dem fähigsten Mann für einen bestimmten Posten, sondern er versuchte einen seiner Anhänger, seiner Klienten, seiner »Kreaturen«, wie man im 17. Jahrhundert zu sagen pflegte (Ranum 1963), unterzubringen. Hätte er sich anders verhalten, so hätte er politisch nicht überleben können. Er benötigte Untergebene, auf die er sich verlassen konnte, und abgesehen von seinen Verwandten konnte er nur seinen Kreaturen vertrauen, so wie die Fürsten nur auf ihre Günstlinge bauen konnten. Daher sollten die Historiker des Regierungssystems des vorindustriellen Europa nicht nur aufzeigen, wann und warum die Bürokratie entstand, sie sollten auch untersuchen, wie das patrimoniale System funktionierte. Auf diesem Feld können die Sozialanthropologen, die sich stark mit der Wirkungsweise von Patronage und Cliquenwirtschaft beschäftigt haben, den Historikern eher weiterhelfen als Weber, der auf der beschreibenden Ebene stehengeblieben ist.

Die Patronage kann man als politisches System definieren, das sich auf persönliche Beziehungen zwischen Ungleichen gründet, nämlich zwischen Führern (Patronen) und ihren Gefolgsleuten (Klienten). Hier hat jeder dem anderen etwas zu geben. Die Klienten erweisen den Patronen ihre loyale Unterstützung sowie ihre Ehrerbietung, die sich in einer Vielzahl symbolischer Formen ausdrückt. Die Patrone dagegen bieten ihren Klienten Schutz vor den Forderungen anderer Patrone sowie eher direkte Gunstbeziehungen, von der Gastfreundschaft bis zu beruflichen Stellungen. Eine lebendige Beschreibung verbunden mit einer fundierten Analyse der Wirkungsweise eines derartigen Systems in der Mitte des 20. Jahrhunderts finden wir in Fredrik Barths Werk über die Swat-Pathanen. In dieser Gesellschaft stehen die Führer oder *Khans* im Wettbewerb um Land und Gefolgsleute. Sie geben ihr Vermögen für Geschenke und Gastfreundschaft aus, um sich eine Gefolgschaft aufzubauen. Jeder Khan besitzt die persönliche Autorität, die er seinen Gefolgsmännern »abringen« kann. »Die Gefolgsleute suchen sich die Führer aus, die ihnen die meisten Vorteile und die größte Sicherheit bieten.« Die Unterstützung durch die Klienten verschafft den Khans ihre Gefolgschaft, verleiht ihnen Ehre (*izat*) sowie die Macht, ihre Rivalen zu demütigen und ihren Klienten Vorteile als Gegenleistung für ihre Treue zu verschaffen. Die Notwendigkeit, sich die Treue ihrer Gefolgschaft zu sichern, zwingt die Führer andererseits dazu, miteinander in Wettbewerb zu treten. In der Gesellschaft der Pathanen, wo das »Gesicht« von großer Bedeutung ist, wird ein Khan, der unter Druck gerät, das Maß seiner Gastfreundschaft noch erhöhen, selbst wenn seine Einkünfte dadurch geringer werden und er sich gezwungen sieht, Land zu verkaufen, um seine Gäste zu bewirten. Einer von ihnen bemerkte dazu in einem Gespräch mit Anthropologen: »Nur diese ständige Darstellung von Macht hält die Geier auf Abstand« (Barth 1959).

Für die Historiker des Europa der frühen Neuzeit stellt die Existenz der Beziehung zwischen Patronen und Klienten im politischen Leben nichts Neues dar. Bereits vor vierzig Jahren beschrieb J. E. Neale die politische Szenerie der Elisabethanischen Periode als Kampfplatz zwischen großen Rivalen wie Leicester und Norfolk, Essex und den Cecils; jeder von ihnen stand im Mittelpunkt eines Netzwerks von Patronage (Neale 1948). Es ist inzwischen zum Allgemeinplatz geworden, die politischen Kämpfe im Europa der frühen Neuzeit mit Hilfe des Begriffs »Clique« zu beschreiben; der Begriff wird dabei im Sinne der Sozialanthropologie gebraucht, er beschreibt eine Gruppe von Klienten, die sich um einen Patron schart. Diese Gruppe wird nicht durch eine gemeinsame Ideologie zusammengehalten, sondern durch die gemeinsame Bindung an einen Führer. Der Wert der Barthschen Analyse der Swat-Pathanen für den Historiker liegt in der Betonung der Ordnung, die durch eine scheinbare Unordnung gewährleistet wird. Darüber hinaus betont sie den Druck, der auf jedem Akteur liegt, auf dem Führer nicht weniger als auf den Gefolgsleuten, die jeweilige Rolle weiterzuspielen.

Wenn wir uns wieder dem England des 15. Jahrhunderts zuwenden, genauer, dem East Anglia der Paston Letters, dann entdecken wir eine Gesellschaft, die mit der der Pathanen viele Gemeinsamkeiten hat. Wie bei den Pathanen so nahm auch in East Anglia der Wettbewerb um den Besitz von Land gewalttätige Formen an. Ein Beispiel dafür liefert die Beschlagnahme von John Pastons Herrenhaus in Gresham durch Lord Moleyn. Wir finden eine ungleiche Beziehung zwischen Führern (»Herren« und »Meistern«) und Gefolgsleuten (»Freunden« oder »Wohlgesonnenen«). Die Gefolgsleute umwerben die Führer mit Ehrerbietung und sogar mit Geschenken. Einer der Briefschreiber bemerkt dazu: »Der Mensch lockt einen Adler nicht mit leeren Händen an.« Die kleinen Leute waren auf die »gute Lordschaft« der Großen angewiesen. Auf der anderen Seite benötigten die Führer die Gefolgsleute, um ihrer Ehre und »Huldigung« willen (die den *izat* entspricht), und deshalb teilen sie Amtstrachten aus und führen ein offenes Haus. Dieses System ist von englischen Historikern als »Bastard-Feudalismus« bezeichnet worden (MacFarlane 1943-45). Wenn wir uns wieder Lawrence Stones Darstellungen des Elisabethanischen Hochadels zuwenden, so sehen wir, daß er die Ausgaben für die Gastfreundschaft betont, dies aber mit der Erklärung abtut, »es (sei) einfach nur geschehen, um die Existenz widerhallender Räume und prächtiger Prunksäle zu rechtfertigen und die Melancholie und Einsamkeit fernzuhalten, die ein halbleeres Herrenhaus verursacht« (Stone 1965). Die Lektüre des Werkes von Fredrik Barth legt eine andere Erklärung nahe. Das gleiche gilt von Marcel Mauss' berühmter Untersuchung über das Geschenk in archaischen Gesellschaften. Dort wird dargelegt, daß es in derartigen Gesellschaften nichts »umsonst« gab. Es gab eine Verpflichtung zu geben, und für den Empfänger eine Verpflichtung zu einer Gegengabe (Mauss 1925). Hätte das von Neale dargestellte Elisabethanische Geflecht der Patronage ohne die Gastfreundschaft existieren können, die Stone so sehr verurteilt? Wenn einige Adlige ein offenes Haus unterhielten, obwohl sie es sich eigentlich nicht leisten konnten, dann handelten sie vielleicht aus denselben Motiven, die den Khan veranlassen, auf diese Art die Geier zu bannen.

Mentalität und Ideologie

Wie wir gesehen haben, beruht das Patronagesystem auf dem Streben nach Verehrung und der Furcht vor Schande. Auch das bürokratische System hängt von einem bestimmten Ethos ab. In beiden Fällen ist es unmöglich, das Funktionieren des Systems zu verstehen, wenn man die Wertmaßstäbe der Beteiligten nicht kennt. Mit anderen Worten: Es kann keine Sozialgeschichte geben, die die Ideengeschichte außer acht läßt, wenn man damit die Ideen des gemeinen Mannes meint und nicht die der originellsten Denker einer Epoche. Wenn Historiker sich für die Haltungen und Werte von jedermann in einer bestimmten Gesellschaft interessieren, dann werden sie feststellen, daß es zwei Begriffe gibt, die für ihr Unternehmen von Nutzen sind: nämlich Mentalität und Ideologie.

Der Ansatz des Mentalitäts-Begriffs entspricht weitgehend dem Durkheimschen Verständnis von Ideen. Zwar lautete Durkheims bevorzugter Begriff »kollektive Repräsentation«, während zeitgenössische Soziologen und Anthropologen eher von »Glaubenssystemen«, »Denkweisen« und »kognitiven Orientierungen« sprechen. Aber all diese Konzepte haben die Betonung der Tatsache gemeinsam, daß Menschen in unterschiedlichen Gesellschaften auf unterschiedliche Weise zu denken pflegen; d.h. sie gehen von unterschiedlichen Voraussetzungen aus und bedienen sich unterschiedlicher Kategorien, um Erfahrungen zu interpretieren. Damit soll nicht gesagt werden, daß es innerhalb einer bestimmten Gesellschaft keine wichtigen Meinungsverschiedenheiten gibt. Die Untersuchung der »kollektiven Mentalitäten«, um den Ausdruck der französischen Historiker für diesen Ansatz zu verwenden, konzentriert sich einfach auf die Haltungen, die von Mitgliedern einer Gesellschaft gemeinsam vertreten werden. Die Mentalitätenhistoriker interessieren sich auch für den Wandel, allerdings nur für den langfristigen, denn Gesellschaften verändern ihre Denkweise nicht schnell (Le Goff 1974).

Mit seinen Arbeiten war Marc Bloch der Pionier der Mentalitätengeschichte. Er untersuchte den Glauben an die wunderwirkende Macht, die den Königen von Frankreich und England zugeschrieben wurde. Sie sollten Hautkrankheiten heilen können, einfach indem sie den Leidenden berührten. Dieser Glaube überdauerte Jahrhunderte, trotz der Tatsache, daß die erwarteten Wunderheilungen ausblieben. Bloch erklärte diese Dauerhaftigkeit damit, daß die Menschen eben ein Wunder erwarteten, und daher überzeugten sie sich auch, daß es geschehen sein mußte (Bloch 1923). Das nächste bedeutende Werk dieser Art kam ebenfalls aus Frankreich. Dabei handelte es sich um Lucien Febvres Arbeit über die Religion des Rabelais. Hier wurde dargelegt, daß der Atheismus im 16. Jahrhundert unmöglich war, weil die Mentalität oder »mentale Ausrüstung« der Zeit diesen nicht gestattete. Dann erstellte der Autor ein Bestandsverzeichnis der wichtigsten Teile dieser Ausrüstung, so etwa der Vorstellungen von Kausalität, Raum und Zeit, vom Gewöhnlichen und vom Wunderbaren (Febvre 1942).

Für die Geschichte der Mentalitäten wurde das Interesse britischer Historiker erst relativ langsam geweckt, und es fand zu ihnen auch nur auf recht verschlungenen Wegen. Der britische Anthropologe Edward Evans-Pritchard interessierte sich für die »kollektiven Repräsentationen« bei Durkheim und seinen Schülern. Bei seinen Untersuchungen über den Glauben der Zande, eines Volkes in Zentralafrika, verwendete er einen ähnlichen Ansatz. Evans-Pritchard betonte den selbständigen Charakter des Zande-Glaubens. Die Bedeutung der Giftorakel erinnerte an die Rolle, die die Berührung durch den König bei Bloch (den er gelesen hatte) spielte. »In diesem Glaubensgeflecht hängt jeder Strang vom anderen ab, ein Zande kann sich nicht aus diesen Schlingen winden, denn er kennt keine andere Welt« (Evans-Pritchard 1937). Auf dem Wege über die Sozialanthropologie von Evans-Pritchard und seinen Schülern (insbesondere Mary Douglas) wurde nun unter britischen Historikern ein Interesse für Denkweisen oder Glaubenssysteme geweckt, das sich auf ihre Auseinandersetzung mit Themen wie Hexerei, Zauberei und Religion im England des 16. und 17. Jahrhunderts auszuwirken beginnt (Thomas 1971; Bossy 1975).

Wie Durkheim untersuchen auch Bloch und Febvre sowohl Rituale wie die heilende Berührung durch den König als auch Verbalisierungen gemeinschaftlicher Werte. Die Geschichte der öffentlichen Rituale bildet inzwischen ein immer wichtiger werdendes Gebiet für die historische Forschung in England und Frankreich. So betont beispielsweise eine Untersuchung über Coventry im späten Mittelalter die Bedeutung jährlicher Prozessionen am Fronleichnamstag und am Johannistag sowie des Spiels am zweiten Dienstag nach Ostern für das Gemeinschaftsleben; es wird behauptet, diese Rituale hätten die Sozialstruktur der Stadt zum Ausdruck gebracht und zu ihrer Aufrechterhaltung beigetragen (Phythian-Adams 1972). Zwei neuere Werke aus Frankreich beschreiben die neuen Feste, die nach 1789 an die Stelle der traditionellen katholischen Rituale traten; sie legen dar, in welcher Weise diese neuen Formen neue Haltungen und Werte ausdrückten (Ozouf 1976; Vovelle 1973).

Dieses Interesse für kollektive Haltungen und öffentliche Rituale zählt zu den wichtigsten Entwicklungen im historischen Schrifttum der letzten Jahre, und hier bleiben noch viele Themen offen. Aber der »Mentalitäten«-Ansatz ist auch mit Gefahren und Schwierigkeiten verbunden, von denen zwei hier besonders erwähnt werden sollten. Zum einen hat die Betonung des Überdauerns traditioneller Einstellungsmuster ihren Preis: sie erschwert die Darstellung des Wandels. Wie kämpfen die Menschen sich aus dem »Netz des Glaubens« frei? Wenn der Atheismus in bestimmten Zeiten unvorstellbar ist, wie kann er dann in der darauffolgenden Periode möglich werden? Die zweite Schwierigkeit liegt darin, daß dieser Ansatz – getreu seinem Ursprung bei Durkheim – einen gesellschaftlichen Grundkonsens voraussetzt und sich kaum für Konflikte interessiert. Febvre diskutiert ganz unbefangen die Haltungen »des Franzosen im 16. Jahrhundert«, als spielten die Unterschiede zwischen den gesellschaftlichen Gruppen gar keine Rolle. Bloch stellt überhaupt nicht die Frage, ob es im mittelalterlichen Frankreich nicht eine Gruppe gab, die ein Interesse daran hatte, daß viele Leute der Überzeugung waren, der König könne Wunder vollbringen. Öffentliche Rituale bringen offizielle Werte zum Ausdruck, aber die Frage ist immer lohnend, ob es in der gleichen Gesellschaft nicht auch gegensätzliche, inoffizielle Werte gab.

Fragen dieser Art stehen natürlich im Mittelpunkt des marxistischen Ansatzes, Glaubensüberzeugungen als Ideologie zu interpretieren. Für den Begriff »Ideologie« sind viele Definitionen im Umlauf, aber zwei von ihnen sind allgemein verbreitet. Die erste unterstellt, daß eine bestimmte Reihe von Ideen oder Auffassungen mit einer bestimmten sozialen Klasse verbunden ist. Danach war es falsch, wenn Febvre »die« Mentalität des Franzosen im 16. Jahrhundert diskutierte; er hätte beispielsweise unterscheiden sollen zwischen der des Adels und der des Bürgertums. Diese Auffassung deckt sich mit dem, was Karl Mannheim den »totalen« Ideologiebegriff nennt. Als Alternative dazu spricht er vom »besonderen« Ideologiebegriff. Danach können Ideen dazu benutzt werden, eine bestimmte soziale Ordnung zu rechtfertigen und zu »legitimieren« und sie damit zu stützen. Damit sind wir wieder beim Begriff der symbolischen Gewalt angelangt (Mannheim 1936; Bourdieu 1972).

Ein Beispiel für eine historische Analyse, die sich des »totalen« Ansatzes bedient, bildet Lucien Goldmanns Interpretation des Jansenismus als Ideologie der französischen *noblesse de robe* im 17. Jahrhundert. Goldmann beschäftigt sich intensiv mit der Ablehnung der diesseitigen Welt durch jansenistische Autoren wie Pascal und erklärt den Reiz dieser Ideen für französische Anwälte und Beamte damit, daß sie sich in einem unerträglichen Zwiespalt befanden: Sie standen im Konflikt mit der monarchischen Gewalt und waren doch abhängig von ihr; in dieser Lage erschien ihnen die Zurückweisung des Diesseits als einziger Ausweg (Goldmann 1955). Als Beispiel für den »besonderen« Ansatz in der Auffassung von der Ideologie wählen wir eine neuere Analyse des Strafrechts im England des 18. Jahrhunderts, denn das Rechtssystem stellt ja eine Institutionalisierung der Vorstellungen über Recht und Unrecht dar. Es ist behauptet worden, die Gentry, die gleichzeitig die Friedensrichter stellte, habe das Strafgesetzbuch zu ihrem eigenen Vorteil manipuliert; es war ihr jedoch auch bewußt, daß ihre Stellung davon abhing, daß andere daran glaubten, ihre Herrschaft gründe sich sowohl auf Gerechtigkeit als auch auf die Kraft ihrer Herrschaft: d.h. sie glaubten an die Legitimität ihrer Herrschaft (Hay 1975).

Der Begriff der Ideologie ist zwar ein wertvolles Korrektiv zu der Vorstellung eines gemeinschaftlichen Konsenses, aber in ihm stecken auch durchaus Gefahren. Er ermutigt den, der sich seiner bedient, bestimmte Unterscheidungen zu verwischen, die durchaus ihren Sinn haben. Hängt eine bestimmte Betrachtungsweise oder Weltsicht mit einer sozialen Klasse zusammen, oder wird sie einfach zufällig von der Mehrheit ihrer Mitglieder zu einer bestimmten Zeit geteilt? Wenn sie notwendig klassengebunden ist, wie können sich dann die Haltungen einer Klasse jemals ändern? Verfügt eine herrschende Klasse jemals ohne Dissens in ihren Reihen über eine gemeinsame Anzahl von Werten? Manipulieren ihre Angehörigen die anderen sozialen Gruppen etwa bewußt oder unbewußt? Akzeptiert die herrschende Klasse die juristischen oder religiösen Einschränkungen für ihr eigenes Verhalten oder tut sie dies nicht? Dienen alle Ideen, die in einer bestimmten Gesellschaft im Umlauf sind, der Rechtfertigung der gesellschaftlichen Ordnung, oder sind einige dieser Ideen – etwa auf dem Felde der Wissenschaft oder der Ästhetik – autonom? Das Problematische am Ideologiebegriff liegt darin, daß er vielfach dazu verleitet, ganz oberflächlich Religion, Recht und andere Ausprägungen der

Kultur einfach als einen Mechanismus zur Aufrechterhaltung der Macht der herrschenden Klasse zu betrachten.

Zur Vermeidung dieser Oberflächlichkeit haben einige Theoretiker den Ideologiebegriff durch den der kulturellen »Hegemonie« ersetzt. Diesen Begriff hat der italienische Marxist Antonio Gramsci geprägt, um zu erklären, warum die beherrschten Klassen die Kultur der Herrschenden übernehmen, ohne daß sich die Beherrschten wie die Herrschenden der politischen Konsequenzen oder Funktionen dieser Übernahme bewußt sind. Bei der Darlegung dieses Konzepts hat Raymond Williams ausgeführt: »Entscheidend ist nicht nur das bewußte System von Ideen und Glaubensinhalten, sondern die Totalität des gesellschaftlichen Prozesses, der ja praktisch durch spezifische und dominante Bedeutungen und Werte organisiert wird.« Und zwar geschieht dies in der Weise, daß »die Wirkungen und Grenzen dessen, was letztendlich auf ökonomische Ursachen zurückzuführen ist, für die meisten von uns dem Anschein nach nur die Wirkungen und Grenzen bloßer Erfahrungen und Selbstverständlichkeiten darstellen« (Williams 1977).

Die Idee der Hegemonie bildet den Punkt, wo die Bemühungen der Historiker, die sich den »Mentalitäten«-Ansatz zu eigen gemacht haben, mit denen ihrer Kollegen konvergieren, die mit dem Ideologiebegriff operierten. Zu den Historikern, die versuchen, die wertvollen Aspekte beider Ansätze zu verbinden, zählen die beiden Franzosen Georges Duby und Michel Vovelle. Duby, ein Spezialist für mittelalterliche Geschichte, hat nicht nur Marc Bloch viel zu verdanken, sondern einiges auch Louis Althusser. Duby hat ein Werk über die drei Stände der mittelalterlichen Gesellschaft – die Betenden, die Kämpfenden und die Arbeitenden –

vorgelegt. Er sieht in diesen Ständevorstellungen eher einen Bestandteil der Ideologie der mittelalterlichen Gesellschaft als eine exakte Beschreibung ihrer Strukturen. Besonders interessieren ihn die Koexistenz verschiedener »Systeme der Repräsentation« in derselben Gesellschaft sowie die Frage, wie neue Systeme dieser Art entstehen und wie neue kulturelle Modelle auf die unteren Stufen der sozialen Leiter hinabsinken (Duby 1968, 1978). Vovelle hat die religiösen Einstellungen in der Provence des 18. Jahrhunderts untersucht; insbesondere interessierten ihn dabei die Einstellungen zum Tod. Er will seine Ergebnisse als Beitrag zur Geschichte der Mentalitäten verstanden wissen, aber er enthält sich jeder Verallgemeinerung über den »Provencalen des 18. Jahrhunderts«. Ganz im Gegenteil hat seine sorgfältige statistische Analyse von Zehntausenden von Testamenten bedeutsame Unterschiede in den Einstellungen zum Tod offengelegt. Diese Unterschiede betreffen verschiedene Teilgebiete der Provence, aber auch verschiedene gesellschaftliche Gruppen. Auch gab es im Laufe des Jahrhunderts bedeutsame Veränderungen. Eine prunkende, »barocke« Frömmigkeit trat zugunsten eines religiösen Verhaltens zurück, das sicherlich weniger prunkhaft, möglicherweise weniger fromm und in geringerem Maße christlich geprägt war. Wie bei der Darstellung des Mittelalters durch Duby kann man auch hier beobachten, wie die kulturellen Modelle in die unteren Schichten absinken (Vovelle 1973).

Das Problem der kulturellen Diffusion leitet natürlicherweise über zur Frage des sozialen Wandels. Das in diesem Kapitel vorgestellte Begriffsinstrumentarium wurde jeweils im Hinblick auf bestimmte historische Probleme diskutiert, jedoch wurde dabei dem kulturellen Wandel im Laufe der

Zeit wenig Beachtung geschenkt. Das Problem, wie der Wandel – und insbesondere der strukturelle – zu begreifen ist, bildet das Thema des folgenden Kapitels.

Kapitel III

Sozialer Wandel

Im vorangegangenen Kapitel ging es um Strukturen; dabei stand natürlich im Vordergrund, was Historiker von der Soziologie lernen können. In diesem Kapitel liegt dagegen die Betonung auf dem, was Soziologen von der Geschichtswissenschaft lernen können. Man kann behaupten, daß Historiker zur Theorie des sozialen Wandels sowohl einen positiven als auch einen negativen Beitrag erbracht haben.

Der negative Beitrag des Historikers besteht darin, daß er deutlich macht, wie ein bestimmtes Modell des sozialen Wandels, das im Prinzip allumfassend ist, in der Praxis zu der von ihm untersuchten Gesellschaft nicht paßt. Von daher gelangt er zu einer Aussage darüber, welche Modifikationen an dem Modell vorzunehmen sind. Hier beobachten wir einen nach innen gerichteten Prozeß des Fortschreitens vom Allgemeinen zum Besonderen. Dabei meißelt der Historiker die Verallgemeinerungen geradezu hinweg, so wie ein Bildhauer, der einen Marmorblock bearbeitet, das Gestein. Der positive Beitrag des Historikers ähnelt dagegen eher dem Modellieren in Ton; er ist eher aufbauend als reduzierend. Die Arbeit verläuft nach außen gerichtet vom Allgemeinen zum Besonderen. Hier ermöglicht die Darstellung des

Wandlungsprozesses in einer Gesellschaft die Bildung eines revidierten allgemeinen Modells.

Aber was soll denn überhaupt unter sozialem Wandel verstanden werden? Der Begriff ist mehrdeutig. In einem engeren Sinne kann man darunter verstehen »einen Wandel in der sozialen Struktur, beispielsweise im Hinblick auf die Größe einer Gesellschaft, die Zusammensetzung oder die Gewichtigkeit ihrer Teile, die Art ihrer Organisation« (Ginsberg 1958). In einem weiteren Sinne umfaßt der Begriff die Prozesse des wirtschaftlichen, politischen und kulturellen Wandels – mit anderen Worten: jede Strukturveränderung. In diesem Kapitel geht es in erster Linie um die engere der beiden Definitionen, aber gelegentlich sollen auch Ausflüge in Randbereiche unternommen werden.

Wie bei den verschiedenen Richtungen der Geschichtsphilosophie, von denen sie nicht vollständig abzugrenzen sind, kann man bei den Modellen des sozialen Wandels eine Reihe von Haupttypen unterscheiden. Man findet zyklische Modelle wie Sorokins Modell der sozialen und kulturellen »Fluktuationen«, dem Toynbees und Spenglers Vorstellungen ebenso ähneln wie jene Modelle, die in der Renaissance sowie im Griechenland und Rom der Antike weit verbreitet waren. Daneben existieren lineare Modelle wie die jüdisch-christliche und die marxistische Geschichtsphilosophie. Entweder stehen die internen Faktoren des Wandels im Vordergrund, was dann zur Verwendung organischer Metaphern wie »Wachstum«, »Evolution«, »Krankheit« oder »Dekadenz« führt, oder es werden äußere Faktoren betont, und es finden sich dann Begriffe wie »Diffusion«, »Anleihe« und »Nachahmung«. Zu Beginn unseres Jahrhunderts waren Diffusionsmodelle sehr beliebt. Sie wurden nicht nur von

Archäologen und Anthropologen stark bevorzugt, sondern auch von Soziologen wie Gabriel Tarde, dessen Buch *Les lois de l'imitation* (1890) ihn in eine Kontroverse mit Durkheim verwickelte, und Thorstein Veblen, dessen Werk *Imperial Germany and the Industrial Revolution* (1915) sich auf das Konzept der »Anleihe« stützte. Heute wird der Diffusionismus häufig als oberflächlich und mechanistisch kritisiert, wobei man allerdings die Tatsache betonen sollte, daß er dies weder bei Tarde noch bei Veblen war. Beide Gelehrte interessierte, welche Unterschiede es beim Aufgreifen von Neuerungen gab. So erörterte Veblen beispielsweise die besondere »Neigung zum Borgen« bei den Deutschen, Skandinaviern und den Japanern.

In diesem kurzen Kapitel wollen wir uns auf die beiden wichtigsten Modelle des sozialen Wandels in der heutigen Diskussion beschränken, auf das von Marx entwickelte Konfliktmodell und auf das von Spencer geprägte Modernisierungsmodell.

Spencers Modernisierungsmodell

»Spencer« kann als angemessenes Stichwort für das Modernisierungsmodell dienen, das den Schwerpunkt seiner Betrachtung auf die soziale »Entwicklung« legt. Unter sozialer Entwicklung ist die Form des sozialen Wandels zu verstehen, die schrittweise und anwachsend verläuft; ihre Anstöße empfängt sie in erster Linie von innen (endogen im Gegensatz zu exogen), und mit ihr verbunden ist eine Erscheinung, die man häufig als »strukturelle Differenzierung« bezeichnet: ein Übergang vom Einfachen, Unspezialisierten und

Informellen zum Komplexen, Spezialisierten und Formalen oder, um es mit Spencers Worten zu sagen, von der »inkohärenten Homogenität« zur »kohärenten Heterogenität«. Dies ist, ganz grob gesagt, das Modell des sozialen Wandels, wie es Durkheim und Weber entwickelt haben.

Durkheim, der mit Spencer in vielen Punkten nicht übereinstimmte, folgte ihm in seiner Beschreibung des sozialen Wandels in einer evolutionären Begrifflichkeit. Er sprach von der allmählichen Ersetzung einer einfachen »mechanischen Solidarität« (der Solidarität der Ähnlichen) durch eine komplexe »organische Solidarität« (der Solidarität der Einander-Ergänzenden); dieser Wandel sei auf ein wachsendes Maß an Arbeitsteilung in der Gesellschaft zurückzuführen (Durkheim 1893; vgl. Lukes 1973). Weber dagegen versuchte das Wort »Entwicklung« zu vermeiden, aber dennoch interpretierte er die Weltgeschichte als allmählichen, aber unumkehrbaren Trend in Richtung auf rationalere, komplexere und unpersönlichere Formen der gesellschaftlichen Organisation wie Kapitalismus und Bürokratie. Daher läßt sich ohne Schwierigkeiten eine Synthese der Vorstellungen von Weber und Durkheim über den sozialen Wandel herbeiführen, und genau dies haben Modernisierungstheoretiker unserer Zeit wie Talcott Parsons getan.

Es wäre unfair, diese Theorie in simplifizierter Form darzustellen und sie dann anschließend wegen zu großer Vereinfachung zu kritisieren. Parsons hat gelegentlich zwischen fünf verschiedenen Gesellschaftstypen unterschieden: in entwicklungsgeschichtlicher Folge gehe es von der »primitiven« Gesellschaft über die »fortgeschritten primitive«, die »archaische«, die »mäßig fortgeschrittene« zur »modernen« Gesellschaft (Parsons 1966). Ohne ihnen Unrecht zu tun, kann man jedoch sagen, daß die Modernisierungstheoretiker dazu neigten, die »traditionelle Gesellschaft« und die »moderne Gesellschaft« in folgender Weise antithetisch gegenüberzustellen: Die soziale Hierarchie der »traditionellen Gesellschaft« gründet sich auf die Geburt (»Zuschreibung«), und die soziale Mobilität ist niedrig. In der modernen Gesellschaft dagegen basiert die Hierarchie auf Leistung, und die Mobilität ist hoch (vgl. oben die Unterscheidung zwischen »Ständen« und »Klassen«). In einer traditionellen Gesellschaft lebt jeder in einer engen *Gemeinschaft*. Aufgrund der Modernisierung leben wir heute alle in einer unpersönlichen *Gesellschaft*, und das soziale Leben ist durch eine Reihe von Zweckverbänden organisiert. In traditionellen Gesellschaften sind sich die Menschen des Wandels nicht bewußt oder stehen ihm feindlich gegenüber, und Handlungen werden als legitim erachtet aufgrund von Sitte und Präzedenz. In der modernen Gesellschaft dagegen sind sich die Menschen des Wandels wohl bewußt, und Handlungen werden vielfach als legitim erachtet, weil sie zum Fortschritt beitragen. Zu diesen Grundunterschieden kommen noch eine ganze Reihe weiterer hinzu. Einige Soziologen haben dargelegt, die Kultur der traditionalen Gesellschaft beruhe auf mündlicher Überlieferung und sei religiös und magisch geprägt. Die Kultur der modernen Gesellschaft dagegen sei eine des geschriebenen Wortes, sei weltlich und wissenschaftlich orientiert, und während in der erstgenannten Form von Gesellschaft die Großfamilie vorherrschend sei, so dominiere in der zweiten die Kernfamilie.

Der Prozeß des Übergangs von Gesellschaften des ersten Typs zu denen des zweiten wird im allgemeinen als von innen gesteuerter Entwicklungsprozeß betrachtet, bei dem die äußere Umwelt nur einen Anreiz zur »Nachahmung« darstellt. Der soziale Wandel wird zusammengefaßt in den Begriffen Verstädterung, Verweltlichung und strukturelle Differenzierung. Dennoch wird anerkannt, daß sich die verschiedenen Bereiche der Gesellschaft nicht im selben Maß verändern. Da sich die Gesellschaft aus voneinander abhängigen Teilen zusammensetzt, hat ein Wandel in einem Bereich auch Veränderungen in den anderen zur Folge, und solange diese Veränderungen dort noch nicht stattgefunden haben, kann man ein zeitweiliges Mißverhältnis, ein »cultural lag«, feststellen (Ogburn 1923).

Die Verbindungen zwischen diesem Modell des sozialen Wandels und zeitgenössischen Modellen des wirtschaftlichen Wachstums und der politischen Entwicklung sind ganz offensichtlich. Einige Theoretiker des wirtschaftlichen Wachstums haben den »Absprung« von einer statischen vorindustriellen Gesellschaft zu einer dynamischen industriellen betont, in der Wachstum einen Normalzustand darstellt und »verbundene Interessen zum Bestandteil der Gewohnheiten und der institutionellen Struktur werden« (Rostow 1960). Theoretiker der politischen Entwicklung weisen auf das Wachsen der politischen »Partizipation« hin (oder der »Demokratie«, um einmal einen altmodischen Ausdruck zu gebrauchen), und gleichzeitig betonen sie den von Weber untersuchten Aufstieg der Bürokratie.

Nicht nur Historiker haben sich zu den Mängeln dieses Modells geäußert, aber Historiker komplexer traditioneller Gesellschaften wie des Augustäischen Roms, des China der Ming-Epoche und Frankreichs unter den Bourbonen stehen dem Spencerschen Modell mit besonderem Unbehagen gegenüber. Das Modell wurde in den fünfziger Jahren unseres Jahrhunderts weiterentwickelt, und dabei wurde besonderes Interesse für den Wandel in den »unterentwickelten Ländern« – wie man sie damals nannte – an den Tag gelegt. Hinzu kamen Hinweise auf den Industrialisierungsprozeß im 19. Jahrhundert, aber geschichtliche Entwicklungen vor dem Jahr 1800 wurden kaum beachtet. Die »traditionelle Gesellschaft« stellte in diesem Verständnis eine Art Restkategorie dar, sie wurde definiert als das Gegenteil der Gesellschaft, in der der Soziologe lebte. Es kann kaum überraschen, wenn Historiker des vorindustriellen Europa herausgefunden haben, daß dieses Modell auf die von ihnen untersuchten Gesellschaften nicht paßt. Insbesondere haben sie drei Kritikpunkte hervorgehoben: sie zweifeln an der Richtung, am Mechanismus und an der Erklärung des sozialen Wandels im Sinne dieses Modells.

Erstens stellt nicht jeder soziale Wandel eine Bewegung vom Einfachen zum Komplexen dar. Die Geschichte ist keine »Einbahnstraße« (Stone 1977). Seit der industriellen Revolution führen die sozialen Entwicklungslinien in der Regel zu größerer Komplexität, aber es wäre sicherlich falsch, eine Universaltheorie auf nur zweihundert Jahre Weltgeschichte gründen zu wollen. Spezialisten für frühere Epochen können ohne Schwierigkeiten auf Wandlungsprozesse verweisen, die in anderer Richtung verliefen. Die Historiker des späten Römischen Reichs und der »Einfälle der Barbaren« sprechen von sozialem Wandel im Zusammenhang mit dem Niedergang der Städte, der Dezentralisierung und dem Zusammenbruch der Regierungsgewalt sowie der Ersetzung weltlicher Haltungen durch religiös geprägte; damit kehren sie die Modernisierungsthese geradezu um. Historiker, die sich mit dem Spanien und Italien des 16. und 17. Jahrhunderts beschäftigt haben, vertreten die Auffassung, diese Gesellschaften seien wenig mobil geworden, sie hätten an die Stelle des Prinzips der Leistung das der Zuschreibung gesetzt, statt daß die Entwicklung umgekehrt verlaufen sei. Historiker, die sich mit der Geschichte Osteuropas zur gleichen Zeit befaßt haben, bemerken statt eines Aufstiegs den Niedergang der Städte, des Handels und des Bürgertums. Die Tatsache, daß »Verstädterung«, »Verweltlichung« und vor allem »strukturelle Differenzierung« Begriffe sind, die für nur in eine Richtung verlaufende Prozesse stehen, verrät uns mehr über die Grundannahmen der Soziologen als über das Wesen des sozialen Wandels.

Der Begriff »Modernisierung« erweckt den Eindruck eines linearen Prozesses, aber Geistesgeschichtler sind sich sehr wohl der Tatsache bewußt, daß das Wort »modern« (das schon im Mittelalter bekannt war) zu verschiedenen Zeiten sehr verschiedene Bedeutungen haben kann. Die Art und Weise, wie Ranke und Burckhardt diesen Begriff verwandten, erscheint uns heute seltsam altmodisch; für sie begann nämlich die Modernisierung (die moderne Geschichte) im 15. Jahrhundert. Ranke betonte dabei die Staatenbildung und Burckhardt den Individualismus; keiner von beiden erwähnte in irgendeiner Weise die Industrialisierung. Da sie in dieser Tradition standen, sahen sich Historiker des 20. Jahrhunderts gezwungen, den in sich widersprüchlichen Begriff »Frühmoderne« zu prägen, mit dem sie die Periode vom Ende des Mittelalters bis zum Beginn der Industriellen Revolution bezeichnen. Das Problem mit dem Begriff der Moderne besteht darin, daß er sich ständig wandelt.

Eine präzise Kritik an einigen Varianten des Spencerschen Modells richtet sich gegen seine Interpretation der

Geschichte der Familie, besonders in Europa, als Geschichte des langsamen Schrumpfens vom Clan (im Sinne einer großen Verwandtschaftsgruppe) im frühen Mittelalter über die Stammfamilie in der frühen Neuzeit zur Kernfamilie in der industriellen Gesellschaft. Unter den Historikern hat insbesondere Peter Laslett die Theorie der »fortschreitenden Schrumpfung« kritisiert; er hat darauf hingewiesen, daß die Anzahl der Mitglieder eines Haushalts in England vom 16. bis zum 19. Jahrhundert nur unwesentlich um die Durchschnittsziffer von 4,7 schwankte, darüber hinaus seien Haushalte in dieser Größenordnung auch für den größten Teil Europas und Japans sehr lange typisch gewesen (Laslett 1972).

Die Haushaltsgröße stellt, wie wir weiter oben gesehen haben, nicht die einzige Maßeinheit für Familieneinheiten dar. Für England hat Lawrence Stone eine revidierte Version der »Schrumpfungstheorie« vorgetragen. Er behauptet, die im späten 15. und frühen 16. Jahrhundert vorherrschende »offene Geschlechterfamilie« sei zunächst ersetzt worden durch die »begrenzte patriarchalische Kernfamilie« und dann im 18. Jahrhundert durch die »geschlossene domestizierte Kernfamilie« (Stone 1977). Aber Alan Macfarlane hat diese Ansicht in Frage gestellt. Er behauptet, nicht nur die Kernfamilie, sondern auch Lohnarbeit und Privateigentum seien in England bereits im 13. Jahrhundert zu finden gewesen, mit anderen Worten: das mittelalterliche England habe bereits »eine kapitalistische Marktwirtschaft ohne Fabriken« dargestellt (Macfarlane 1978). Diese Schlußfolgerung legt nahe, weniger stark über die Konsequenzen der Industrialisierung nachzudenken und sich eher mit dem Zusammenhang zwischen Sozialstruktur und Industrialisierung zu beschäftigen. Die traditionalen Sozialstrukturen scheinen differenzierter und dem Wandel gegenüber aufgeschlossener gewesen zu sein, als es das Modernisierungsmodell anzunehmen erlaubt.

In zweiter Linie haben Historiker angesichts dieses Modells Zweifel hinsichtlich des Mechanismus des sozialen Wandels zum Ausdruck gebracht. Verlaufen Wandlungsprozesse in der gleichen allgemeinen Richtung notwendigerweise auf denselben Wegen? Das Spencersche Modell schenkt den Mechanismen des Wandels kaum Beachtung, und dieser Mangel an Beschäftigung mit dem Problem legt die Annahme einer Einseitigkeit nahe. Es läßt den Prozeß der Modernisierung als sanfte, gleichförmige und buchstäblich automatische Stufenfolge erscheinen, als hätten all die unterschiedlichen Gesellschaften nichts anderes vollbringen müssen, als auf die gleiche Rolltreppe zu treten. Rostows Untersuchung der fünf Stadien des wirtschaftlichen Wachstums, von der »traditionellen« Gesellschaft über die »Absprungsphase« zum »Zeitalter des hohen Massenkonsums« stellt ein ungewöhnlich deutliches Beispiel der Rolltreppentheorie dar. Im Gegensatz dazu steht etwa der Ansatz des Wirtschaftshistorikers Alexander Gershenkron. In seinem berühmten Aufsatz über »wirtschaftliche Rückständigkeit in historischer Perspektive« legte Gershenkron dar, daß Länder wie Rußland, wo die Industrialisierung spät erfolgte, nicht dem Modell entsprachen, das von Ländern mit früher Industrialisierung wie Großbritannien geprägt wurde. Bei den Spätindustrialisierten spielten der Staat eine größere und das Profitmotiv eine geringere Rolle. Gerade weil bei ihnen die Entwicklung später erfolgte, konnten diese Länder dem älteren Modell nicht folgen und im Eiltempo die Länder mit einer früheren Industrialisierung einholen (Gershenkron 1951; Rostow 1960).

In seinem Kommunikationsmodell der Modernisierung, das eine Variante des Spencerschen Modells darstellt, hat Daniel Lerner festgestellt: »Überall hat die wachsende Verstädterung dazu geführt, den Bildungsstand anzuheben; dies wiederum hat einen wachsenden Einfluß der Medien gestattet; der wachsende Einfluß der Medien hat zu einer größeren ökonomischen (pro-Kopf-Einkommen) und zu einer größeren politischen Partizipation (Wahlbeteiligung) geführt. Dieses Grundmuster läßt sich buchstäblich in allen Gesellschaften im Modernisierungsprozeß nachweisen.« (Lerner 1958).

Leider wurden diese Hypothesen, die Lerner mit Beispielen aus der Geschichte des Mittleren Ostens im 20. Jahrhundert belegt, nicht von Historikern aufgegriffen und erprobt. Auf den ersten Blick wird bereits deutlich, daß es in Europa viele Beispiele gibt, die nicht in dieses Modell passen. Neapel im 17. Jahrhundert mit einer Bevölkerung von einer halben Million stellt einen Fall der Verstädterung ohne bedeutende Fortschritte im Hinblick auf den allgemeinen Bildungsstand und die Partizipation dar. Im Schweden des 18. Jahrhunderts dagegen konnten neunzig Prozent der Bevölkerung lesen und schreiben, ohne daß dies von einem Verstädterungsprozeß begleitet war. Der Mechanismus der Modernisierung muß also komplizierter sein, als bei Lerner dargestellt.

Wie E. A. Wrigley ausgeführt hat, tauchen ähnliche Probleme auf, wenn man die Industrialisierung als Schlüsselfaktor im Modernisierungsprozeß betrachtet. Um die Mitte des 18. Jahrhunderts war ein Teil der Niederländischen Republik modern (im Sinne der »strukturellen Differenzierung«) ohne Industrialisierung (es gab keine Großstädte und Fabriken). Das Veluwe war eine ländliche Region, deren Bevölkerung sowohl in der Textil- und Papierindustrie als auch im Ackerbau tätig war. Umgekehrt gab es im nördlichen England des frühen 19. Jahrhunderts eine Industrialisierung ohne Modernisierung. Fabriken und Städte existierten in einem Umfeld, das von Analphabetismus und einem starken Gemeinschaftsgeist geprägt war (Wrigley 1972/73). Der soziale Wandel scheint sich also auf vielen verschiedenen Wegen und nicht nur auf einem zu vollziehen. Es gibt mehr als einen Weg zur Modernität. Und nicht jeder dieser Wege verläuft notwendigerweise sanft. Frankreich nach 1789 und Rußland nach 1917 sind offensichtlich Beispiele für Fälle, in denen es schwierig ist, den Prozeß des sozialen Wandels zu beschreiben, ohne den Begriff »Krise« zu gebrauchen, um den Zusammenbruch der traditionellen gesellschaftlichen und politischen Strukturen unter dem Eindruck der revolutionären Ereignisse zu charakterisieren.

Drittens haben zahlreiche Historiker Zweifel an der Erklärung des sozialen Wandels nach dem Spencerschen Modell geäußert. Dieses Modell legt es nahe, den Wandel im Grunde als einen internen Vorgang in einem gegebenen sozialen System zu sehen. Es stellt die Entwicklung eines Potentials dar und ähnelt dem Wachsen eines Baumes mit seinen Zweigen. Jedoch fällt es dem Historiker nicht schwer, in der Vergangenheit Beispiele des sozialen Wandels zu finden, die nicht in dieses innengelenkte Modell passen. Als Beispiele wollen wir hier einige Eroberungen anführen. Die Normannische Eroberung ist beschrieben worden als »das klassische Beispiel in der europäischen Geschichte für das Zerbrechen einer gesellschaftlichen Ordnung durch Einführung einer fremden Militärtechnologie« (White 1962). Außerhalb Europas stellen die spanische Erorberung Mexikos und die britische Eroberung Indiens gleichermaßen klassische Beispiele sozialen Wandels dar, der von außen kam. Epidemien können als weiteres Beispiel des Eindringens von außen gelten. So gelangte beispielsweise 1348 die Pest von Asien kommend nach Europa und tötete dort etwa ein Drittel der Bevölkerung. Die daraus resultierende Knappheit an Arbeitskräften führte zu langfristigen Veränderungen in der Sozialstruktur Europas. In all diesen Fällen läßt es das gewaltsame Eindringen von Kräften von außerhalb der Gesellschaft als unangemessen erscheinen, diese als bloße Anreize zur Anpassung zu verstehen, was die einzige Funktion ist, die nach dem Spencerschen Modell externen Faktoren zukommen kann.

Der Fairneß halber sollte man allerdings nicht verschweigen, daß sich einige Modernisierungstheoretiker all dieser Probleme bewußt sind und sie daher das Modell erneuert oder »rekonstruiert« haben, um diesen Einwänden zu begegnen. S. N. Eisenstadt weist in seiner Version des Modells sowohl dem »Druck von außen« als auch der »Regression zur Dezentralisierung« einen Platz zu (Eisenstadt 1963, 1973). Noch wichtiger erscheint der Hinweis darauf, daß, lange bevor Modernisierungstheorien in den fünfziger Jahren in Mode kamen, Norbert Elias eine Untersuchung zur »Soziogenese der westlichen Zivilisation« veröffentlicht hat. Darin trug er eine Theorie des sozialen Wandels vor, die der von Spencer begründeten Tradition einiges zu verdanken hat, die aber gegen die drei Einwände gefeit ist, die soeben geschildert worden sind. Elias unterschied »zwei Hauptrichtungen struktureller Veränderungen der Gesellschaft ... jene, die zu wachsender Differenzierung und Integration führen, und jene, die zu abnehmender Differenzierung und Integration tendieren«. Über den Mechanismus des Wandels kam er zu einigen wichtigen Aussagen, beispielsweise indem er feststellte, daß die soziale Integration eine unbeabsichtigte Folge des Machtwettbewerbs zwischen den Kleinstaaten des Mittelalters war. Er analysierte die sozialen Entwicklungen im wesentlichen von internen Faktoren her, betrachtete sie jedoch im europäischen Maßstab und war sich der Wechselwirkungen zwischen verschiedenen Regionen bewußt (Elias 1939).

Das Spencersche Modell muß nicht notwendigerweise unhistorisch sein, und es wäre ein wirklicher Verlust, würden die Historiker alle seine Spielarten ablehnen, ohne sich der tiefen Einsichten bewußt zu werden, zu denen es verhelfen kann, und der Verbindungen, die sie nahelegen. In den letzten Jahren haben einige Historiker das Modell durchaus für nützlich erachtet. Eine Untersuchung über das Römische Kaiserreich beispielsweise erörtert den parallelen Aufstieg der Berufsstände des Soldaten, des Juristen und des Lehrers als drei Aspekte des Prozesses der strukturellen Differenzierung (Hopkins 1978). Eine Geschichte der irischen Gesellschaft seit der großen Hungersnot bedient sich des Konzepts der Modernisierung mit Hilfe des Begriffs der wachsenden Chancengleichheit in der Hoffnung, daß dieser Begriff »sich immun erweist gegen die Engstirnigkeiten solcher gleichermaßen schwer faßbarer und emotionsgeladener Begriffe wie Gälisierung und Anglisierung« (Lee 1973). Auch deutsche Historiker haben das Modernisierungsmodell aufgegriffen, um den sozialen Wandel in den deutschen Staaten im späten 18. und frühen 19. Jahrhundert zu erfassen. Das Wachsen freiwilliger Verbände in diesem Zeitraum mit einer Vielzahl besonderer Ziele wurde als Teil eines allgemeinen Wandlungsprozesses von einer traditionellen »ständischen Gesellschaft« zu einer modernen, individualistischen demokratischen »Klassengesellschaft« interpretiert (Nipperdey 1972). Im letzten Fall werden wir Zeuge einer Art begrifflichen Zirkelschlusses, denn Weber formulierte ja gerade auf der Grundlage der deutschen Sozialgeschichte die Unterscheidung zwischen »Ständen« und »Klassen«, die später zum Bestandteil der Modernisierungstheorie wurde. Es mag jedoch ein lohnendes Unterfangen sein, nicht nur deutsche Vereine, sondern auch französische Logen und Weinbrüderschaften, englische Gewerkschaften und Wohltätigkeitsverbände als Teil eines Prozesses der strukturellen Differenzierung zu untersuchen.

Das Marxsche Modell

»Marx« soll hier wie »Spencer« als brauchbares Kürzel verwandt werden. Der Name steht für ein Modell des sozialen Wandels, zu dem unter anderem Engels, Lenin, Lukács und Gramsci ihre Beiträge lieferten. In einem Satz kann man es kurz als Modell einer Abfolge von Gesellschaftsformationen bezeichnen, die sich aus Produktionsformen ableiten und denen bestimmte innere Widersprüche inhärent sind, die zu Klassenkonflikten, Revolutionen und diskontinuierlichem Wandel führen. In gewissen Zügen ähnelt dieses Modell seinem Hauptkonkurrenten. Wie Spencer vertritt auch Marx die Vorstellung einer Folge von Gesellschaftsformationen: Stammesgesellschaft, Sklavenhaltergesellschaft, Feudalismus, Kapitalismus und Kommunismus. Die meistdiskutierten Gesellschaftsformationen werden im Grunde genommen als Gegensätze definiert, wie die traditionale und die moderne Gesellschaft. Wie Spencer erklärt Marx den sozialen Wandel mit prinzipiell endogenen Begriffen aufgrund der inneren Dynamik der Produktionsweise. Aber zumindest in einigen seiner Ausprägungen hält das Marxsche Modell den drei Hauptpunkten der Kritik stand, die gegen Spencer vorgebracht worden sind.

Zunächst räumt Marx wenigstens gelegentlich die Möglichkeit des Wandels in der »falschen« Richtung ein; für diese Art des Wandels stehen die Begriffe »Refeudalisierung« oder »Entwicklung der Unterentwicklung«. Marxisten haben häufig die Tatsache erörtert, daß der Aufstieg der Bourgeoisie und der Städte im Westeuropa des 16. Jahrhunderts nicht nur gleichzeitig mit dem Niedergang des Bürgertums und der Städte in Osteuropa stattfand, sondern ihn geradezu ausgelöst hat. Während es auf der einen Seite der Elbe zum Aufstieg des Kapitalismus kam, setzte sich am anderen Ufer das durch, was Engels die »zweite Leibeigenschaft« genannt hat. Die beiden Ereignisketten ergänzten einander tatsächlich. Die Entwicklung eines Gebietes, das Fabrikwaren exportierte, setzte die »Unterentwicklung« einer anderen Region voraus, die sich nun auf den Export von Rohstoffen konzentrierte. Es handelte sich hier um einen Fall von Arbeitsteilung (Wallerstein 1974; vgl. Frank 1967).

Zweitens interessierte sich Marx viel stärker als Spencer für die Mechanismen des sozialen Wandels; dies galt insbesondere für den Spezialfall des Übergangs vom Feudalismus zum Kapitalismus. Dieser Wandel wird dialektisch betrachtet und der Konflikt wird dabei ebenso betont wie die Konsequenzen, die nicht nur unbeabsichtigt sind, sondern dem, was geplant wird, oft geradezu entgegengesetzt. Produktionsverhältnisse, die einst die Produktivkräfte freisetzten, verwandeln sich nun in deren »Fesseln«. Das Bürgertum gräbt sein eigenes Grab, indem es dem Proletariat zur Existenz verhilft. Strukturen verändern sich nicht automatisch, wie sie es im Spencerschen Modell zu tun scheinen; im Gegenteil stellen politische Ereignisse, insbesondere Revolutionen, einen Teil des Veränderungsprozesses dar. Es herrschen also Unstimmigkeiten hinsichtlich der Frage einer unilinearen oder multilinearen Entwicklung. Marx selbst war der Ansicht, das Schema Stammesgesellschaft-Sklavenhalterei-Kapitalismus-Sozialismus gelte nur für die europäische Geschichte. Er erwartete nicht, daß Rußland oder gar Indien den gleichen Weg gehen werden, allerdings sagte er auch nicht, welchen Weg sie seiner Meinung nach beschreiten würden. Einige jüngere Autoren, die in der Marxschen Tradition stehen, vertreten mit Nachdruck multilineare Auffassungen. Barrington Moore unterscheidet drei geschichtliche Hauptwege zur Moderne: die bürgerliche Revolution wie in England, Frankreich und den Vereinigten Staaten (der »klassische Weg«); die konservative Revolution, wie in den Fällen Preußen und Japan, schließlich die Bauernrevolution wie in Rußland und China. Perry Anderson betont ebenfalls die Verschiedenartigkeit der möglichen Wege zur Modernität, in dem er den Begriff der »Evolution« vermeidet; er nennt die beiden Bände seines Werkes »Übergänge« vom Altertum zum Feudalismus und »Stammbäume« des absolutistischen Staates (Moore 1966; Anderson 1974a, 1974b).

Drittens und letztens werden auch »exogene« Erklärungen des sozialen Wandels berücksichtigt. In der Geschichte des Westens sind diese allerdings von untergeordneter Bedeutung. In der berühmten Kontroverse unter Marxisten in den fünfziger Jahren hinsichtlich des Übergangs vom Feudalismus zum Kapitalismus rief Sweezys Erklärung des Niedergangs des Feudalismus aufgrund externer Faktoren wie der Wiederöffnung des Mittelmeers und des sich daraus ergebenden Aufschwungs des Handels und der Städte einen Chor der Ablehnung hervor (Hilton 1976). Andererseits hatte Marx selbst die Auffassung vertreten, die asiatische Gesellschaft habe keine internen Wandlungsmechanismen besessen. Die Funktion oder – wie er es ausdrückte – die »Mission« der Briten in Indien habe darin bestanden, das tradititonelle soziale Geflecht zu zerreißen und so den Wandel möglich zu machen (Frank 1967; Wallerstein 1974).

Das Modell von Marx scheint der Kritik der Historiker eher standzuhalten als das von Spencer. Dies stellt keineswegs eine Überraschung dar. Das Modell ist den Historikern bereits seit langer Zeit bekannt, und viele von ihnen haben an seiner Modifizierung mitgewirkt. Man denkt hier sogleich an klassische Werke der Geschichtsschreibung, die sich auf eine marxistische Basis stützen, wie E. P. Thompsons *Making of the English Working Class* (1963) und Maurice Agulhons *La république au village* (1970), eine Untersuchung über die östliche Provence in der ersten Hälfte des 19. Jahrhunderts, oder Emilio Serenis *Capitalism and the Countryside* (1947), ein Werk über Italien in der Generation nach der Gründung des Einheitsstaates.

Es ist wohl kein Zufall, daß diese drei Bücher und die meisten anderen dieser Art, die man hier hätte nennen können, sich mit dem Jahrhundert von Karl Marx beschäftigen und mit der sozialen Transformation, die er am besten kannte und analysierte, mit dem Aufstieg des Kapitalismus, der begleitet war von der Spaltung der Gesellschaft, wachsendem Klassenbewußtsein und politischem Handeln von unten. Das Marxsche Modell ist weit weniger geeignet zur Erklärung vorindustrieller Herrschaftsweisen. Es erklärt beispielsweise nicht hinreichend das Wesen des sozialen Konfliktes vor der Entwicklung des Klassenbewußtseins. Die meisten marxistischen Historiker der alten Regime neigen eher zu einer schwachen Version ihres Modells, wo es doch eigentlich um eine modifizierte Version geht. So hat man beispielsweise den sozialen Konflikt im Frankreich des 17. Jahrhunderts als Vorspiel zu den Klassenkonflikten dargestellt, die zu den Revolutionen von 1848 führten, so als seien sie nur dem Grad und nicht dem Wesen nach voneinander verschieden. Erst in letzter Zeit haben sich marxistische Historiker mit Formen der Solidarität beschäftigt, die nichts mit Klassenbewußtsein zu tun haben (Hobsbawm 1971a; E. P. Thompson 1978). Ein weiterer wesentlicher Mangel des Marxschen Modells des sozialen Wandels in vorindustriellen Gesellschaften lag bis vor einigen Jahren in der unzureichenden Berücksichtigung der demographischen Faktoren, die zu jener Zeit durchaus die wichtigsten Antriebskräfte des Wandels gewesen sein mögen.

Das Marxsche Modell mit seiner Betonung des Konflikts als Antriebskraft des sozialen Wandels und das Spencersche mit seiner Hervorhebung von Evolution und Anpassung ergänzen einander offensichtlich. Ist daher eine Synthese aus beiden möglich? Barrington Moores vergleichende Untersuchung über Grundherren und Bauern bei der »Schaffung der modernen Welt« ist eine Darstellung auf marxistischer Grundlage, aber sie ist von der Modernisierungstheorie stark beeinflußt und gerade wegen ihres Mangels an Einseitigkeit um so überzeugender. Moores früherer Schüler Charles Tilly stellt ein Beispiel der Konvergenz von der anderen Seite her dar. Er gehört zwar zu den »Modernisierern«, nimmt aber die Kritik der Marxisten an seinem Ansatz ernster als die meisten seinesgleichen; insbesondere erkennt er die Notwendigkeit an, die Wandlungen innerhalb einer Gesellschaft in Beziehung zu setzen zu ihren Wechselbeziehungen mit der übrigen Welt (Moore 1966; Tilly 1964, 1975).

Selbst wenn eine Synthese aus Marx und Spencer ohne Widersprüche möglich wäre, so würde sie dennoch nicht alle bisher dargestellten Einwände widerlegen. Beide Modelle kranken ernstlich an einer Begrenzung ihrer Perspektiven. Es geht ihnen in erster Linie um die Beschreibung der Industrialisierung und ihrer Folgen, und hierin liegt auch ihre größte Leistung. Weit weniger befriedigend erscheinen ihre Darstellungen von Wandlungsprozessen vor der Mitte des 18. Jahrhunderts. Die »traditionale Gesellschaft« bei Spencer und die »Feudalgesellschaft« bei Marx sind Restkategorien, Spiegelwelten, bei denen die Grundzüge der »modernen« oder »kapitalistischen« Gesellschaft umgekehrt werden. Dies ist durchaus verständlich – die Menschen neigen nämlich dazu, den »anderen« als das Gegenteil ihrer selbst zu verstehen –, damit leisten sie jedoch keine realistische Analyse der vorindustriellen Welt.

Natürlich wird kaum ein Modell des sozialen Wandels die Historiker je vollständig befriedigen, weil ihr professionelles Interesse der Verschiedenheit gilt. In diesem Sinne ist Ronald Dore zu verstehen, wenn er sagt: »Man kann kein soziologisches Omelette braten, ohne ein paar historische Eier zu zerschlagen.« Hexters Angriff auf den Marxismus als eine »vorgefertigte Theorie des sozialen Wandels« stellt in Wirklichkeit einen Angriff auf alle Theorien und Modelle dar (Hexter 1955). Andere Historiker hingegen akzeptieren die Notwendigkeit von Modellen, können sich aber mit keinem der existierenden Modelle einverstanden erklären. Ein britischer Sozialhistoriker kritisierte in jüngster Zeit die Suche nach einem »kurzen Weg zum theoretischen Heil in der Soziologie« mit dem Argument, die »theoretische Arbeit in der Geschichtswissenschaft sei zu wichtig, um sie anderen zu überlassen« (Stedman Jones 1976). Wenn ich auch nicht so weit gehen will, entweder zurückzuweisen, was Soziologen geleistet haben, oder zu erwarten, daß die Historiker eine Theorie schaffen werden, so möchte ich jetzt zumindest die Möglichkeiten diskutieren, einen Ausweg zu finden, indem ich einige Monographien zur Geschichte komplexer traditionaler Gesellschaften erörtere. Ein Modell des sozialen Wandels, welches derartigen Gesellschaften mehr Beachtung schenkte, wäre nicht nur für viele Historiker von Nutzen, es wäre auch ein besseres, weil allgemeiner anwendbares Modell.

Vier Monographien auf der Suche nach einer Theorie

Die vier Bücher, die hier diskutiert werden sollen, behandeln allesamt Probleme des sozialen Wandels in bestimmten Gesellschaften in klarer und eigenständiger Weise. Alle vier beschäftigen sich mit der Geschichte Europas oder mit Europäern, die außerhalb Europas leben, in der frühen Neuzeit, aber genausogut hätten sich Beispiele aus der klassischen, mittelalterlichen oder orientalischen Geschichte finden lassen.

Die älteste und berühmteste dieser vier Monographien ist Fernand Braudels Werk *La Méditerranée et le monde méditer-*

ranéen á l'époque de Philippe II (1949). In seinem gewaltigen Werk geht es Braudel nicht so sehr um Philip II. oder gar um das Mittelmeer, sondern um das Wesen der Zeit. Er legt dar, daß sich Wandlungsprozesse in verschiedenen Zeitrhythmen vollziehen und daß es nützlich ist, insbesondere drei zu unterscheiden. Jeder dieser drei Arten von Zeit widmet er einen Teil seines Buches. Es gibt die schnell sich bewegende Zeit der Ereignisse, die Gegenstand der traditionell erzählenden Geschichtsschreibung ist (*histoire événementielle*); daneben existiert die Zeit der »ökonomischen Systeme, Staaten, Gesellschaften und Zivilisationen« mit ihren »langsamen, aber wahrnehmbaren Rhythmen« (*histoire conjoncturelle*); schließlich gibt es noch die Geschichte des Menschen im Verhältnis zu seiner Umwelt, »eine Geschichte, die fast unbemerkt verläuft ..., eine Geschichte der beständigen Wiederholung, immer wiederkehrender Zyklen« (*histoire structurale*).

Der erste Teil des Buches, in dem es um die Geschichte der Umwelt (von Braudel bisweilen »Geohistorie« genannt) geht, ist der revolutionärste des Werkes, aber der zweite Teil ist in unserem Betrachtungszusammenhang der bedeutendste; hier werden »Wirtschaftssysteme, Staaten, Gesellschaften und Zivilisationen« behandelt. »Wenn man den Ausdruck wieder in seiner vollen Bedeutung verwendet, kann man hier von Sozialgeschichte sprechen«, schreibt Braudel. Gemeint ist hier Sozialgeschichte im Sinne der zweiten, umfassenderen Definition des sozialen Wandels, wie sie oben erörtert wurde. In diesem Teil seines Buches behandelt Braudel die Bevölkerungsexplosion und die Preisrevolution des 16. Jahrhunderts. Er diskutiert die politischen Strukturen und gelangt zu der Auffassung, in dieser Periode habe die

Geschichte im Unterschied zur vorangegangenen und zur folgenden Periode politische Großgebilde wie das Habsburgische und das Ottomanische Reich favorisiert. Er hat einiges mitzuteilen über die Verbreitung von Kunst und Ideen, aber auch über den Widerstand dagegen, insbesondere gegen den Protestantismus im Mittelmeerraum. Ein Teil des Buches handelt vom sozialen Wandel im engeren Sinne des Begriffs; hier wird auf die Geschichte des Adels, des Bürgertums und der Armen eingegangen. Braudels Grundthese lautet, der gesellschaftliche Abstand zwischen Arm und Reich sei in dieser Periode gewachsen. Im späten 16. Jahrhundert war die Gesellschaft im Ottomanischen wie im Habsburgischen Reich gleichermaßen im Begriff, »sich zu polarisieren, auf der einen Seite stand der reiche und kraftvolle Adel, dessen machtvolle Dynastien über riesige Besitztümer verfügten, auf der anderen Seite stand die große und wachsende Masse der Armen und Enterbten«.

Das letzte Zitat erinnert ein wenig an Marx, den Braudel durchaus schätzt, wenn beide auch sehr verschiedene Ansichten über das 16. Jahrhundert vertreten haben. Braudel betrachtet diese Zeit nicht im Hinblick auf den Aufstieg des Bürgertums. Ganz im Gegenteil interessiert er sich für den »Abfall« und »Bankrott« der Bourgeoisie (*faillite de la bourgeoisie*). In dieser Zeit wandten sich die Kaufleute des Mittelmeerraumes häufig vom Handel ab, erwarben Land und verhielten sich wie Edelleute, kauften sich gegelegentlich sogar Adelstitel. Nach der Begrifflichkeit der Modernisierungstheorie war diese Periode weniger »modern« als die vorangegangene. Tatsächlich neigt Braudel dazu, die Geschichte nicht als vom Fortschritt, sondern von Zyklen geprägt zu begreifen; Phasen der Expansion wechseln mit solchen des

Rückzugs ab. Hier handelt es sich um »A-Phasen« und »B-Phasen«, um die Sprache von François Simiand zu verwenden, eines Wirtschaftshistorikers des frühen 20. Jahrhunderts, der in Frankreich beträchtlichen Einfluß hatte. Wenn Braudels *La Méditerranée* irgendeine soziologische Theorie des Wandels illustriert, dann eher als die von Marx diejenige Paretos, dessen »Zirkulation der Eliten« der Wechsel zwischen »Spekulanten« und »Rentiers« zugrunde lag.

Für den Historiker sind die soziologischen Modelle des Wandels im allgemeinen zu oberflächlich in dem Sinne, daß sie zu stark zu einer kurzfristigen Betrachtung von Zeiträumen von etwa dreißig Jahren neigen. Obwohl es die Herrschaft von Philip II. (1556-1598) behandelt, stellt Braudels Werk die wichtigste Veröffentlichung auf der anderen Seite der Skala dar. In diesem Zusammenhang steht ein Aufsatz, in dem Braudel seine Auffassung über die Bedeutung langer Zeiträume (*la longue durée*) deutlicher machte und in einen Dialog mit den Sozialwissenschaften einzutreten suchte (Braudel 1958).

William H. McNeill (1964) hat sich ebenfalls mit der Geschichte des Ottomanischen Reiches befaßt, allerdings aus einem etwas anderen Blickwinkel heraus. Er konzentrierte sich auf das, was er »Europas Steppengrenze« nannte. McNeill bewundert Braudel sehr, aber mindestens ebensoviel verdankt er seinem amerikanischen Anreger Frederick Jackson Turner. Das ist wohl kein Zufall bei einem Autor, der aus dem Mittleren Westen stammt.

McNeills Hauptthema stellen die wechselnden Beziehungen zwischen dem Zentrum und der Peripherie des Ottomanischen Reiches dar. In diesem Zusammenhang entwickelt er sein Modell des sozialen Wandels. Seine These lautet: »Das Zentrum kann organisierte militärische Macht langfristig in großem Maßstab nur aufbauen, wenn es die Gemeinschaften am Rande ausbeutet und gleichzeitig die heimische Basis sichert.« Dies bedeutete, daß sich das Reich auf ständige Eroberungen einstellte. Die so gesicherte Kriegsbeute ersparte es dem Regime, die Bauernschaft der Zentralprovinzen ausbeuten zu müssen. Hinzu kam, obwohl McNeill diesen Punkt nicht besonders betont, daß das sogenannte »Knabenopfer« der unterworfenen christlichen Bevölkerung das Funktionieren des zentralen meritokratischen Systems sicherstellte.

Aber irgendwo mußte, und sei es auch nur aus logistischen Gründen, die Grenze geschlossen werden und die Eroberung aufhören. »Die einzige effektive Grenze der Expansion der türkischen Macht«, meint McNeill, sei die Entfernung gewesen, die die Armee des Sultans zwischen ihren Winterquartieren und den Feldzugsgebieten zurücklegen konnte. Dennoch führte im späten 16. Jahrhundert das Machtgleichgewicht zwischen dem Reich der Ottomanen und dem der Habsburger zu einem Patt. Das Grenzgebiet zwischen den beiden Imperien wurde von beiden Seiten verwüstet, was dazu führte, »daß die Operationen der türkischen Feldheere am äußersten Rand ihres Aktionsradius Bedingungen schufen, die sie daran hinderten, weiter vorzudringen ... Als die Expansion aufhörte, begann sich das politische System zu zersetzen, und die Gesellschaftsstruktur mußte sich verändern.« Die Soldaten wurden seßhaft, und das »Verlangen nach Erbfolge unter der militärischen Elite des Reiches gewann an Stärke«. Man könnte hinzufügen, daß auch der Nachschub von Christenkindern für die Zwangsrekrutierung in die Elite nachließ. Nun begannen in der militärischen wie in der zivilen Elite die Söhne das Erbe ihrer Väter anzutreten. Es tauchten örtliche Notabeln auf, und das politische System wurde weniger zentralistisch. Steuern traten an die Stelle von Plünderungen als Hauptquelle der Staatseinnahmen, wodurch sich für die Bauernschaft die Belastung erhöhte. Hier scheint McNeill einige Erscheinungen zu streifen, die auch Braudel bei seiner Darstellung der Polarisierung der mediterranen Gesellschaft berührte, aber McNeill bietet eine andere Erklärung, die weniger ökonomisch und stärker politisch geprägt ist.

McNeills Vorstellungen kann man als selbstzerstörerisches Modell des sozialen Wandels bezeichnen. In gewisser Weise ist ein solches Modell Bestandteil aller zyklischen Geschichtsphilosophien von Polybios bis Toynbee. In McNeills Buch wird dies aber besonders deutlich, da hier eine klare Darstellung des Wandlungsmechanismus gegeben wird. Jede Entwicklungsphase folgt einer jeweils vorangehenden. Wahrscheinlich kann dieses Modell von Zentrum und Peripherie auch für die Analyse des Lebenszyklus anderer Reiche von Nutzen sein. Nehmen wir als Beispiel die Ngoni von Fort Jameson. Über die Ngoni im 19. Jahrhundert erfahren wir, daß sie »weitgehend von der Schlagkraft ihres Heeres abhängig waren, das kontinuierlich Gefangene herbeischaffte, von denen die Stärke und der Fortbestand des Staates abhing … Da das Heer der Ngoni an Stärke zunahm, wurde es unmöglich, mehr Gefangene zu machen, so daß es zu einer Art inflatorischer Bevölkerungsspirale kam. Der Staat der Ngoni glich einem Schneeball, der im Weiterrollen immer größer wurde.« Aber auch dieses Reich brach schließlich zusammen (Barnes 1954).

Braudels brillantester Schüler, Emmanuel Le Roy Ladurie, untersuchte in seinem Werk *Les Paysans de Languedoc* den langfristigen sozialen Wandel in einer Region des Mittelmeerraums. Wie Braudel ließ sich auch Le Roy Ladurie von der Geographie faszinieren (er hat auch eine Geschichte des Klimas verfaßt), weiterhin interessierte ihn »die Geschichte ohne Bewegung« (*l'histoire immobile*). Aber sein Buch stellt eher eine »Ökogeschichte« denn eine »Geogeschichte« dar, weil es die Geschichte sozialer Gruppen in Beziehung zu ihrer Umwelt in den Mittelpunkt stellt. Le Roy Ladurie interessiert sich stärker als Braudel für die Bevölkerungsentwicklung. In seinem Modell, das sowohl Malthus und Ricardo als auch der zeitgenössischen Sozialanthropologie einiges verdankt, führt vor allem der demographische Wandel, vermittelt durch ökonomische Faktoren (sowie auch kulturelle Faktoren wie Mentalitäten), zu Veränderungen in der Sozialstruktur.

Le Roy Laduries Untersuchung über das Languedoc ist nur in dem begrenzten Sinne »immobil«, daß die Provinz mehr oder weniger zu ihrem Ausgangspunkt zurückkehrte am Ende dessen, was der Autor als »einen großen agrarischen Zyklus, der vom Ende des 15. Jahrhunderts bis zum Anfang des 18. Jahrhunderts reichte«, bezeichnet. Das Grundmuster dieser Periode heißt Wachstum, gefolgt von Niedergang. In der Phase A, der Expansionsphase, ereignete sich eine Bevölkerungsexplosion; ihr folgten Rodungen, die Aufteilung in Bauernwirtschaften, ein Preisanstieg und ein Sieg der Profitmacherei. Dies bedeutete den Triumph der Unternehmer, der Klasse, die vom Profit lebte, auf Kosten der Pachten und Löhne. Im 17. Jahrhundert jedoch hatte die landwirtschaftliche Produktivität einen Höhepunkt erreicht, alle wichtigen Trends kehrten sich um, und nun war ein klassisches Beispiel der Phase B zu beobachten. Als die Bevölkerung die Subsistenzmittel zu gefährden begann, setzte ihr Wachstum aus, und im späten 17. Jahrhundert ging sie sogar zurück; die Gründe dafür waren Hunger, Seuchen, Auswanderung und später das eheliche Verhalten. Der Rentier siegte über den Spekulanten, um mit Pareto zu sprechen, die Rente war jetzt wichtiger als der Profit. Landbesitz, der aufgeteilt worden war, wurde nun wieder zusammengefaßt. Wenn man die Periode als ganzes betrachtet, dann wird deutlich, daß das Languedoc als »homöostatisches Ökosystem« funktionierte.

In diesem im wesentlichen ökologisch-demographischen Modell gibt es auch für die Kultur einen Platz. Le Roy Ladurie drückt dies folgendermaßen aus: »Die Kräfte, die zunächst die Expansion ablenkten, sie dann einschränkten und ihr schließlich ein Ende bereiteten, waren nicht nur von ökonomischer Art in einem engen Sinne, es handelte sich hier auch in einem weiteren Sinne um kulturelle Kräfte; dazu zählen ›die Sitten, die Lebensart, die Mentalität eines Volkes‹.« Nehmen wir als Beispiel die gebräuchlichen Formen der Vererbung. Im Languedoc gab es keine Primogenitur, was bei wachsender Bevölkerung notwendigerweise zur Zersplitterung des Grundbesitzes durch Erbteilung führte. Hinsichtlich der Mentalitäten diskutiert der Autor die Verbreitung der Bildung und des Protestantismus im Languedoc, dabei bezieht er sich auf die Webersche These über die Wechselbeziehungen zwischen Protestantismus und Kapitalismus.

Aber in diesem Modell findet sich auch ein Platz für die Ereignisgeschichte. Sie ist in Le Roy Laduries Darstellung des sozialen Wandels enger integriert als in die von Braudel. Le Roy Ladurie beschäftigt sich intensiv mit gesellschaftlichen

Konflikten und sozialen Protestbewegungen, um zu zeigen, wie die Zeitgenossen den sozialen Wandel auffaßten und wie sie darauf reagierten. In der Phase A, der Expansionsphase, wird dem Leser vom Karneval in Romans in der Dauphiné um 1580 berichtet; bei diesem Ereignis erklären die Handwerker und Bauern, »daß die Reichen der Stadt auf Kosten der armen Leute reich geworden sind«. In der Phase B, der Schrumpfungsphase, erörtert Le Roy Ladurie die Revolte im Vivarais um 1670, die unter dem Motto stand: »Lang lebe der König, nieder mit den Steuereintreibern!« Sie gilt ihm als »eher instinktive denn rationale Reaktion auf die Krise im ländlichen Raum«.

Allerdings wird hier nicht der Eindruck erweckt, als hätten diese Proteste irgendeinen verändernden Einfluß auf den Verlauf des sozialen Wandels gehabt. Jedoch meint Le Roy Ladurie bei der Besprechung eines Buches über die Politik in der Sarthe (eine Region im Nordwesten Frankreichs, die für die Rechte stimmt, während in den Nachbargebieten die Linke obsiegt), daß Ereignisse wie die lokale Konterrevolution von 1793 traditionale Strukturen zerstören und neue schaffen können, die dann Jahrhunderte überdauern. Ein derartiges Ereignis könne einen »Mutterboden« darstellen (Bois 1960; Le Roy Ladurie 1972).

Wenn man aus dem Buch über das Languedoc überhaupt eine allgemeine Lehre ziehen kann, dann die, daß in vorindustriellen Gesellschaften die Bevölkerungsentwicklung der wichtigste Faktor für den sozialen Wandel darstellt. Dies ist ein Schluß, zu dem eine Gruppe von französischen Historikern, darunter auch Marxisten wie Pierre Vilar und Guy Bois, gelangt ist (Vilar 1962; Bois 1972). Für Soziologen liegt der Wert von Le Roy Laduries Buch über das Languedoc wie auch der von Postans Untersuchung über das mittelalterliche England darin, daß in beiden Fällen ein Modell des sozialen Wandels vorgestellt wird, bei dem die Bevölkerungsentwicklung eine wichtige Rolle spielt (Postan 1972).

Die vierte und letzte Fallstudie, die hier diskutiert werden soll, stammt ebenfalls aus Frankreich. Es handelt sich um Nathan Wachtels *La vision des vaincus*. In dieser Analyse der Eroberung Perus durch die Spanier geht es um die »durch die Eroberung hervorgerufene Krise« und um den sozialen Wandel in Peru zwischen 1530 und 1580. Die Schlüsselbegriffe in Wachtels Modell heißen »Destrukturation« und »Akkulturation«.

Unter »Destrukturation« ist die Zerstörung der Bindeglieder zu verstehen, die die verschiedenen Teile des traditionalen sozialen Systems zu einem Ganzen zusammenfaßten. Traditionelle Institutionen und Bräuche überlebten teilweise nach 1530, aber die alte Struktur zerfiel. Es gab beispielsweise weiterhin eine Tributpflicht, aber nun fehlte das alte System der Umverteilung durch den Staat, dessen Bestandteil sie gewesen war. Es gab weiterhin örtliche Machthaber, aber ihr Verhältnis zur Zentralgewalt war nun ein anderes als zu Zeiten der Inkas. Auch die traditionelle Religion hatte überlebt, aber sie war zu einem inoffiziellen, heimlichen Kultus herabgesunken, wurde von den spanischen Missionaren, die alles taten, um diesen auszurotten, als Götzendienst betrachtet.

Wie verhielten sich die Indios diesem Prozeß der Destrukturierung gegenüber? Wachtel erörtert ihre Reaktion mit Hilfe des Begriffes der »Akkulturation«, den er in einem Aufsatz, in dem er sein Modell deutlicher darlegt, als kulturelle Berührung definiert, bei der eine überlegene und eine unterlegene Kultur aufeinanderstoßen (Wachtel 1971). Einige der Indianer übernahmen die Werte der Eroberer, allerdings geschah dies manchmal nur zum Schein, zur Verschleierung des bewußten oder unbewußten Weiterlebens traditioneller Denkweisen. Der Chronist Guaman Poma de Ayala beispielsweise reicherte seine Darstellung Perus mit einer Menge westlichen Wissens an, aber die Grundkategorien seines Denkens, seine Vorstellungen von Raum und Zeit etwa, blieben einheimisch. Von Bedeutung ist nicht so sehr der objektive kulturelle Kontakt, sondern ein kollektives subjektives Element, das Bild der unterworfenen Kultur von der derjenigen Eroberer, das von Wachtel als »Vision der Besiegten« bezeichnet wird. Auch muß man die Unterschiedlichkeiten der Reaktionen auf die Spanier und ihre Kultur betonen. Einige Indianer nahmen die spanische Kultur an, andere leisteten der Akkulturation durch Revolte Widerstand; dies gilt etwa von der chiliastischen Bewegung der Taqui Ongo zur Verteidigung der traditionellen Götter. Andere veränderten sich, um ihre Identität zu bewahren, etwa die Araukaner, die sich des Pferdes bedienten, um den Spaniern, die es eingeführt hatten, besser Widerstand leisten zu können.

Es mag seltsam erscheinen, wenn man Wachtels Modell der Akkulturation den Soziologen und Anthropologen zum Gebrauch vorschlägt, stammt doch der Begriff der »Akkulturation« ursprünglich von den Anthropologen (in den USA im späten 19. Jahrhundert) und wird heute von den meisten von ihnen nicht mehr ernst genommen (eine Ausnahme bildet Foster 1960, eine weitere Darstellung der Folgen der spanischen Eroberung). Jedoch stellt Wachtels Werk mehr dar als einen interessanten Fall verspäteter Übernahme von

Begriffen aus einer anderen Disziplin. Wie es oft sowohl im Kontakt zwischen Disziplinen als auch zwischen Kulturen geschieht, haben die Historiker das Geborgte auch verändert. Wachtel ist nicht einfach ein simpler Anhänger der Diffusionstheorie. Sein Interesse am sozialen und politischen Kontext des kulturellen Kontakts (wobei er sich auf Gramscis Theorie der kulturellen Hegemonie stützt), seine Unterscheidung zwischen kultureller Form (Kategorien, Schemata) und Inhalt sowie sein Interesse an der gegenseitigen Wahrnehmung von Angehörigen beider Kulturen verleihen dem alten Modell der Akkulturation eine neue, schneidende Schärfe.

Wachtels Arbeiten decken sich mit denen anderer Anthropologen und Historiker. Walter Neale und Bernard Cohn haben betont, welche Bedeutung für den Prozeß des sozialen Wandels im Indien des 19. Jahrhunderts die Tatsache spielte, daß die Briten das Wesen der traditionellen indischen Gesellschaft nicht verstanden. Die *zamindar* zum Beispiel, eine Art von Steuereintreibern, betrachtete man als Grundbesitzer und behandelte sie entsprechend, weil die Beamten der Ostindischen Kompanie das britische System von Grundbesitzern und Pächtern vor Augen hatten. Mißverständnisse über die Sozialstruktur führten so zu Veränderungen derselben. Dies mußte notwendigerweise so sein, weil die Sozialstruktur ein subjektives Element enthält und weil die Briten eine dominierende Stellung innehatten (Neale 1957; Cohn 1961).

Es ist eine interessante neuere Entwicklung, daß französische Historiker zur Analyse ihrer eigenen Gesellschaft das Akkulturationsmodell aufgreifen. Robert Muchembled hat die »Akkulturation der ländlichen Welt« im Nordosten

Frankreichs zu Ende des 16. Jahrhunderts diskutiert und festgestellt, daß Hexenverfolgungen mit dem gegenreformatorischen Angriff auf den »Götzendienst« und mit der Verbreitung der Bildung auf dem Lande einhergingen. Das Zentrum versuchte, die Peripherie umzuformen, die Herrscher versuchten, die Werte der Beherrschten zu verändern. In gewissem Sinne ist daher der Unterschied zwischen Peru und dem Cambrésis nicht allzu groß (Muchembled 1978). Auf die gleiche Art wird in *Le Paysans de Languedoc* die Revolte der Protestanten in den Cévennen zu Beginn des 18. Jahrhunderts als Protest gegen die »Dekulturation« beschrieben (Le Roy Ladurie 1966). Das Interesse von Le Roy Ladurie und Wachtel an der »Destrukturation« und »Restrukturation« resultiert wohl aus dem Einfluß des italienischen Soziologen Vittorio Lanternari (Lanternari 1960, 1966).

Die letztgenannten Beispiele zeigen, daß Historiker, die die Modelle von Marx und Spencer als zu »internalistisch« zurückweisen, manchmal durchaus positive Alternativen bieten.

Dieses Kapitel setzte zunächst nach innen blickend bei den verschiedenen Schwierigkeiten mit den gegenwärtigen Modellen des sozialen Wandels an, schließlich richtete es den Blick nach außen anhand gewisser Fallstudien. Wenn der Leser den Eindruck hat, die Tunnelbauer, die von zwei verschiedenen Seiten den Stollen vorangetrieben haben, seien in der Mitte nicht zusammengetroffen, so hat er recht. Ich biete hier kein neues Modell des sozialen Wandels an, ich will nur auf ein paar Punkte hinweisen, die in Zukunft bei der Formulierung eines derartigen Modells in Betracht gezogen werden müssen. Drei derartige Punkte möchte ich im Wege der Schlußfolgerung hervorheben und genauer darlegen. Sie betreffen alle die Unterschiedlichkeit des Wandels in der Gesellschaft; diese Verschiedenartigkeit wird sehr schnell offenkundig, wenn man einen Zeitraum beobachtet, der über das letzte Jahrhundert hinausreicht.

Der erste Punkt betrifft die verschiedenen Richtungen des Wandels. Wenn man eine Bewegung in Richtung auf Komplexität, Spezialisierung und Zentralisierung als »vorwärts« gerichtet definiert, darf man nicht gleichzeitig davon absehen, die rückwärts gerichteten Bewegungen zu berücksichtigen. Das Modell muß zyklischen Bewegungen ebenso gerecht werden wie geradlinigen. Wahrscheinlich verläuft in vorindustriellen Gesellschaften der soziale Wandel gewöhnlich zyklisch. Daher kann es nicht verwundern, daß vor dem späten 18. Jahrhundert die Menschen nicht an einen Fortschritt glaubten, sondern erwarteten, daß die Geschichte sich wiederhole. Man sollte aber auch nicht annehmen, daß der soziale Wandel sich nach der industriellen Revolution ausschließlich geradlinig und kumulativ vollzogen hat. Von einem zukünftigen Modell sollte man fordern, daß es die Arten von Situationen erfaßt, in denen jeweils der lineare bzw. der zyklische Wandel stattfindet.

Der zweite Punkt betrifft die Ursachen des sozialen Wandels. Eine Erklärung der Vorherrschaft des zyklischen Wandels in der vorindustriellen Welt verweist auf ihre Abhängigkeit von Bevölkerungsentwicklungen, die selber zyklisch sind. Die Gründe dafür hat bereits Malthus dargelegt. Ein künftiges Modell sollte die Demographie stärker berücksichtigen, als Marx oder Spencer dies taten. Es sollte aber zwischen Situationen unterscheiden, in denen sie eine vorherrschende oder eine untergeordnete Rolle spielt. Aus den Fallstudien, insbesondere der letzten, ist ein weiterer

Schluß zu ziehen: Ein Modell des sozialen Wandels ist unzureichend, wenn es die externen Faktoren nicht beachtet, die auf die untersuchte Gesellschaft einwirken. Es führt kein Weg zurück zum Diffusionismus, aber man darf hoffen, daß das Modell der Zukunft interne und externe Faktoren berücksichtigt und erörtert, weshalb manche Gesellschaften relativ offen (oder verwundbar) gegenüber anderen Gesellschaften sind, während andere relativ gut imstande sind, diesen zu widerstehen, ja in der Tat gar nicht anders können. Was aber bestimmt letztlich über die Assimilation oder Zurückweisung fremder Eindringlinge, fremder Technologien, fremder Ideen (vgl. Ottenberg 1959; Schneider 1959)?

Der dritte Punkt betrifft den Mechanismus des sozialen Wandels, die Bedeutung von Ereignissen und Individuen oder, besser gesagt, das Bindeglied zwischen Individuen auf der einen und langfristigen Trends auf der anderen Seite. Unter welchen Umständen und auf welche Weise sind gesellschaftliche Strukturen verwundbar durch den Eindruck der Ereignisse? Auf welche Weise können sie elastisch reagieren? Eine ganze Anzahl historischer Untersuchungen legt die These nahe, daß Kriege und andere Krisen häufig als Verstärker wirken; sie beschleunigen eher den sozialen Wandel, als daß sie ihn auslösen. Daher kann die gleiche Krise in verschiedenen Regionen unterschiedliche Auswirkungen haben. In Großbritannien soll der Erste Weltkrieg zur Verwischung der sozialen Unterschiede geführt haben, in Deutschland dagegen zu ihrer Verschärfung (Marwick 1965; Kocka 1973). Der Krieg zwischen England und Frankreich im späten 17. Jahrhundert scheint ebenfalls die bestehenden Unterschiede zwischen beiden Ländern verschärft zu haben, die französische Monarchie wurde noch »absoluter«, aber die

Macht des britischen Königs nahm ab. Die Preisrevolution des 17. Jahrhunderts wiederum förderte den Aufstieg der Städte und das Ende der Leibeigenschaft in Westeuropa, gleichzeitig kam es in Osteuropa zum Niedergang der Städte und zur Wiedereinführung der Leibeigenschaft.

Auf welche Weise können individuelle Entscheidungen soziale Entwicklungen beeinflussen? Offensichtlich können Herrscher soziale Entwicklungen ebensowenig aufhalten wie der Wikingerkönig Knut der Große die Flutwellen. Dennoch haben einige Herrscher diesen Versuch unternommen. Das Tokugawa-Regime in Japan des 17. Jahrhunderts versuchte, den Wandel der Sozialstruktur per Dekret zu unterbinden, die folgende Rangordnung zwischen den vier sozialen Hauptgruppen wurde verkündet: Samurai, Bauern, Handwerker, Händler. Das Dekret konnte nicht verhindern, daß wohlhabende Kaufleute einen höheren Rang einnahmen als viele Samurai. Andererseits stellte die Abschaffung der Samurai durch das Meiji-Regime nach 1868 eine Verordnung mit bedeutenden sozialen Konsequenzen dar. Viele ehemalige Samurai traten ins Geschäftsleben ein, das ihnen vorher verschlossen gewesen war. Noch wichtiger sind die unbeabsichtigten Konsequenzen von Entscheidungen der Herrscher.

Jedoch sollte man sich die wenige Absätze zuvor diskutierte Assimilation nicht als automatischen Prozeß vorstellen. Sie geht normalerweise nicht ohne eine Menge harter Arbeit vonstatten. Die Vorstellung eines Managements des sozialen Wandels kann daher durchaus von Nutzen sein. Während das Tokugawa-Regime daran scheiterte, waren die Meiji erfolgreich. Im *Leopard*, Lampedusas tiefschürfenden Roman über das Sizilien des 19. Jahrhunderts, sagt ein Aristokrat zu einem Standesgenossen: »Damit alles bleibt, wie es ist, müssen wir alles verändern.« Einige Aristokratien (besonders die britische) scheinen ein Talent für den Wandel zur Vermeidung des Wandels entwickelt zu haben. Sie haben besondere Fähigkeiten entwickelt, sich veränderten Umständen anzupassen, Opfer zu bringen, im Interesse des Überlebens. All diese Aktivitäten haben ihren Platz in einem Modell des sozialen Wandels. Dieses Modell sollte aber auch die Arten von Situationen benennen, in denen eine derartige Politik eine Erfolgschance hat. Daher wollen wir hier zwei voneinander unabhängige, aber sich deckende Untersuchungen über aristokratisches Verhalten im England des 19. und im Radschasthan des 20. Jahrhunderts anführen. Beide betonen die Kluft innerhalb der herrschenden Klasse zwischen einer Oberschicht, die dem Wandel mit Sympathie gegenüberstand, und einer Unterschicht, die mehr zu verlieren hatte. Die Unterschicht betrachtete die Angehörigen der Oberschicht traditionell als ihre Führer. In dieser Lage war die Gruppe, die am meisten zu verlieren hatte, nicht fähig, Widerstand zu organisieren; die Anpassungspolitik der Aristokraten war erfolgreich, und der soziale Wandel vollzog sich gewaltlos (F. M. L. Thompson 1963; Rudolph und Rudolph 1968).

Die Historiker können also für ein zukünftiges Modell des sozialen Wandels einen Beitrag leisten, das die Unterschiedlichkeiten und die langfristigen Veränderungen stärker beachtet als frühere Modelle, es kann deutlicher als zuvor alternative Wege und entgegengerichtete Zwänge bezeichnen. Solch ein Modell sieht das »Entweder – Oder«, ist aber kritisch gegenüber dem »Wenn – Dann«. Es würde den Historikern erleichtern, bestimmte Gesellschaften zu verstehen, und den Soziologen bei der Suche nach weniger ungenauen Verallgemeinerungen beistehen. Solch ein Modell mußte eklektisch sein, weil es sich die wertvollsten Elemente älterer Theorien zu eigen macht, es müßte aber Voraussetzungen ablehnen, die einander widersprechen. Einem solchen Modell ein, zwei Schritte näher zu kommen, das war das Hauptziel dieses Buches.

Nachwort

Soziologie und Geschichte in den achtziger Jahren

Dieses Buch wurde in den späten siebziger Jahren geschrieben. Seitdem hat sich in der Welt der *Kulturwissenschaften* vieles ereignet, und ich will die Gelegenheit einer deutschen Ausgabe nutzen, um einige neue Entwicklungen zu kommentieren.

Vor allem ist es für einen Historiker ermutigend, zu erleben, daß immer mehr Soziologen und Sozialanthropologen sich der Geschichte zuwenden. Sie diskutieren den Wandel, lesen die Bücher ihrer Kollegen von der historischen Fakultät, und die Bücher, die sie selbst schreiben, besitzen nun eine tiefere historische Dimension als zuvor. Unter den führenden Soziologen der Welt arbeitet zum Beispiel Pierre Bourdieu jetzt an einer Untersuchung über französische Künstler des 19. Jahrhunderts, während Jürgen Habermas' und noch mehr Norbert Elias' Arbeiten schon immer von einer stark historischen Orientierung zeugten.

Die Wende zur Geschichte zeigt sich auch in vielen anderen Teilen Europas. Hier seien genannt Carmelo Lisón-Tolosana in Spanien, Anton Blok in den Niederlanden, Tamás Hofer in Ungarn sowie die Skandinavier Kirsten

Hastrup (1985), Jonas Frykman (1987) und Orvar Löfgren.

Viele neue Studien zur Soziologie des Nationalbewußtseins betrachten dieses, im Unterschied zu älteren Arbeiten dieser Art, in historischer Perspektive. Nach Benedict Anderson ersetzte der aufsteigende Nationalismus einerseits weitgehend die Religion und andererseits war er die Folge der kommerzialisierten Kultur der Printmedien. Für Ernest Gellner stellte er eine Antwort auf die Verlagerung des Schwerpunkts von der *Gemeinschaft* zur *Gesellschaft* dar, insbesondere auf den Zusammenbruch der ländlichen gebildeten Gesellschaft mit ihren engen geographischen Grenzen und ihrer strengen sozialen Schichtung. Andere Soziologen interessieren sich stärker für nationale Mythen. Aber trotz aller Unterschiede betrachten diese Arbeiten sämtlich die Nationen in einer langfristigen Perspektive, sie setzen ein vor dem Aufstieg des Nationalismus im 19. Jahrhundert (Anderson 1983; Armstrong 1982; Gellner 1983; Smith 1986).

Den neuen soziologischen Ansatz beleuchten mit besonderer Klarheit einige jüngere Untersuchungen über die Familie von Martine Segalen (1980), Jack Goody (1983), Massimo Barbagli (1984) und Emmanuel Todd (1985). Segalen beispielsweise konzentriert sich auf die ethnographische Analyse von Texten des 19. Jahrhunderts, auf die Probleme von Liebe und Macht in den Bauernfamilien Frankreichs. Heirateten bäuerliche Paare aus Liebe? War die männliche Überlegenheit Realität oder Mythos? Massimo Barbagli betrachtet die italienische Familie in der Langzeitperspektive von fünfhundert Jahren; er schenkt seine Aufmerksamkeit nicht nur den Strukturveränderungen, sondern auch dem Wandel der Haltungen oder Gefühle, etwa der Rücksichtnahme und der Intimität. Emmanuel Todd betont die Verschiedenartigkeit der Familienstrukturen, ihre langfristige Stabilität, ihren Einfluß auf politische Einrichtungen. Seiner Ansicht nach hängt etwa der britische Individualismus mit der »absoluten Kernfamilie« zusammen, der Kommunismus dagegen mit der »exogamen Familiengemeinschaft«. Jack Goody seinerseits untersucht den Wandel der europäischen Familie im sehr langen Zeitraum von etwa zweitausend Jahren. Er betont die Rolle der katholischen Kirche bei der Schaffung einer Familienstruktur, die sich beträchtlich von der im Mittleren Osten, in Afrika und Asien unterscheidet. All diese Beispiele stammen aus dem Bereich der Soziologie oder Sozialanthropologie, aber auch Historiker haben die Familie aus neuen Blickwinkeln betrachtet (Davis 1983; Levi 1985).

In der englischsprechenden Welt ist die »historische Wende« der Soziologen und Anthropologen besonders ausgeprägt. Dies zeigen beispielsweise die theoretischen und vergleichenden Untersuchungen von Theda Skocpol (1979), des verstorbenen Philip Abrams (1982), von Anthony Giddens (1984) und Gerald Sider (1986) sowie die vorzüglichen Monographien von Clifford Geertz (1980) und Marshall Sahlins (1985) über Bali und Hawaii. Es wird auch deutlich an den gedankenreichen Essays zur Weltgeschichte von Anthropologen wie Eric Wolf (1982) und Ernest Gellner (1988) oder von Soziologen wie John Hall (1985) und Michael Mann (1986).

Historiker sind heute in wachsendem Maße willkommen, wenn Soziologen und Anthropologen Kongresse zu Themen veranstalten, die vom Wesen der Moderne bis zum Wandel von Symbolen im Laufe der Zeit reichen. Der Trend zur interdisziplinären Zusammenarbeit ist verstärkt, ja institutionalisiert worden durch die Gründung von Zeitschriften wie *History and Anthropology* (1981) und *Journal of Historical Sociology* (1988).

Dagegen scheint mir die veränderte Einstellung der Historiker zur Soziologie und Sozialanthropologie komplexer und daher schwieriger beschreibbar zu sein. Vor allem sind Soziologie und Sozialanthropologie in den Augen der historischen Zunft allmählich in dem Maße respektvoller betrachtet worden, wie die abenteuerlustigen jungen Menschen, die sich diesen Disziplinen zugewandt haben, grauhaarig und gesetzt wurden. Für Traditionalisten ist es schwierig, den Wert der Arbeiten von Althistorikern wie Christian Meier (1980) und Paul Veyne (1976) zu leugnen sowie von Historikern des Mittelalters wie Aaron Gurevich (1972) oder der frühen Neuzeit wie Keith Thomas (1983) und Robert Darnton (1984), von Historikern des 19. Jahrhunderts wie Hans-Ulrich Wehler und Jürgen Kocka. Sicher ist es ein Zeichen der Zeit, daß britische Historiker jetzt mit einer Verspätung von fünfzig Jahren das Werk von Norbert Elias entdeckt haben.

Unter den jungen Historikern haben einige die Notwendigkeit verkündet, sich wieder traditionelleren Weisen des Schreibens von Geschichte zuzuwenden, sich etwa darauf zu konzentrieren, vom Verlauf der politischen Ereignisse zu berichten, aber andere haben soziologische Konzepte oder Fragestellungen aufgenommen, ohne viel Aufhebens davon zu machen. Einige neue Arbeiten zur Geschichte der sozialen Schichtung zeigen ein kritisches Bemühen um die Modelle und Metaphern der Soziologen. Dabei geht es etwa um die ideologischen Vorurteile anderer Historiker, die Bedeutung von Sprache bei der Herausbildung von Klassenbewußtsein oder um die Notwendigkeit, auf den Begriff

»Klasse« ganz zu verzichten (Sewell 1980; Stedman Jones 1983; Reddy 1987).

Die Wende der Soziologen zur Geschichte und die der Historiker zur Soziologie verlaufen nicht isoliert voneinander, sondern vielmehr parallel und gleichzeitig asymmetrisch. Das Interesse der Soziologen an Vergleichen etwa scheint nicht von vielen Historikern geteilt zu werden. Vor zehn Jahren habe ich einen Aufstieg der vergleichenden Geschichtsschreibung erwartet. Aber einen solchen Trend hat es nicht gegeben, sondern nur einige scharfsichtige Einzeluntersuchungen (Adas 1979; Fulbrook 1983). Die in der letzten Zeit zu beobachtende Reaktion gegen die Statistik, gegen den Determinismus und gegen den Funktionalismus, eine Reaktion, die die Soziologen ermutigt hat, sich der Geschichte zuzuwenden, hat kaum dazu geführt, die Historiker näher an die Soziologie heranzuführen. Zeitweise scheinen die zwei Disziplinen (oder die drei, wenn man die Sozialanthropologie getrennt von der Soziologie betrachtet) sich nicht so sehr anzunähern, sondern in Hochgeschwindigkeitszügen hintereinander her zu rasen.

Um das Geschehen deutlicher sichtbar zu machen, ist es für dieses kurze Nachwort wohl angemessen, sich auf einige spezifische Problemkreise zu konzentrieren und dabei nicht traditionelle Interessengebiete der Soziologie oder Sozialgeschichte in den Vordergrund zu stellen, wie die Schichtung oder die Familie, sondern neue Felder, die man gerade erst zu untersuchen beginnt. Zu acht derartigen Themen möchte ich hier kurz Stellung nehmen: Mikrogeschichte, Ereignisgeschichte, Frauengeschichte, Alltagsgeschichte, Geschichte der materiellen Kultur, Geschichte des Körpers, Sprachgeschichte, Geschichte der Erinnerung.

1. Mikrogeschichte (*microstoria, microhistoire*): Der Begriff scheint in den siebziger Jahren in Italien geprägt worden zu sein. Er sollte eine Gruppe von Untersuchungen bezeichnen, bei der kleine Gemeinschaften unter das historische Mikroskop gelegt wurden, wie etwa der Ort Montaillou von Emmanuel Le Roy Ladurie (1974) oder gar Individuen wie der Müller Menocchio von Carlo Ginzburg (1976). Diese Monographien wurden gegen die Art von breiten Generalisierungen verfaßt, die Soziologen wie Weber und Historiker wie Braudel anboten, aber sie unterscheiden sich nicht allzu sehr von einigen Gemeindeuntersuchungen in der Tradition der Soziologen und Sozialanthropologen, und manche ihrer Autoren sind sich dessen auch durchaus bewußt.

Einige dieser mikrohistorischen Untersuchungen gehen ganz theorielos vor, und das macht sie zu Beispielen des sinkenden geistigen Tauschwerts. Mitte der siebziger Jahre war es durchaus verdienstlich, an regionale Unterschiede, an Ausnahmen von allgemeinen Entwicklungen, an individuelle Gesichter zu erinnern, aber einige wenige derartiger Erinnerungen reichen sicherlich aus. Wenn sich Historiker den Ansatz der Gemeindeuntersuchungen zu eigen machen, dann müssen sie sich auch seiner Schwächen bewußt sein; das gilt insbesondere hinsichtlich der Gefahr, die Autonomie und Isolation kleiner Gemeinschaften zu überschätzen. Heute geht es um die Erforschung der Verbindungsglieder zwischen Gemeinschaften und ihren sich wandelnden sozialen Umgebungen, zwischen Mikrogeschichte und Makrogeschichte.

Ein gutes Beispiel für die Art von Mikrogeschichte, die ein intellektuell sich auszahlendes Unterfangen darstellt, bietet der tiefschürfende und geistvolle Aufsatz von Giovanni Levi (1985) über Familien und Cliquen in Santena, einer piemontesischen Kleinstadt des 17. Jahrhunderts, der sich die Aufgabe stellt, die soziologischen Verallgemeinerungen von Tschajanow, Parsons, Polanyi, Simon und anderen über die Optimierung, die bäuerliche Familienstruktur, den Markt, den sozialen Wandel usw. einem Test zu unterziehen, und sich dabei bewußt auf die Lücke zwischen Theorie und Praxis konzentriert.

2. Wie die Mikrogeschichte so scheint auch die »Wiederkehr des Erzählens« (Stone 1979) ihrem Ursprung nach eine Reaktion gegen die Soziologie und die soziologisch orientierte Geschichtsschreibung von Braudel und anderen Mitgliedern der »Annales«-Schule darzustellen, insbesondere gegen ihre Betonung quantitativer Daten, abstrakter Modelle, sozialer Strukturen und allgemeiner Trends, gegen die Individuen ebenso wie Gemeinschaften machtlos sind. Nun gab es eine Rückkehr zur *histoire événementielle*, gegen die Lucien Febvre und Fernand Braudel sich gewandt hatten.

Ohne daß diese »Reaktionäre« es bemerkten, wandten sich einige Soziologen und Sozialanthropologen mehr oder weniger gleichzeitig einer Anerkennung der Bedeutung der Ereignisse und dementsprechend auch des Erzählens zu (Sahlins 1981). Gleichzeitig ereignete sich in allen drei Disziplinen eine »literarische Wendung«, man wurde sich der Bedeutung der literarischen Form in Sachdarstellungen in wachsendem Maße bewußt; dies geschah in der Geschichte (White 1978), Soziologie (Brown 1977) und Anthropologie (Clifford und Marcus 1986). Das Ergebnis der Begegnung zwischen diesen Disziplinen und der Literatur (im theoretischen wie im praktischen Sinne) ermutigte zu neuen Erzählweisen, die gleichzeitig soziale Strukturen, gesellschaftliche Haltungen und sozialen Wandel beleuchteten (Burke 1989).

So hat beispielsweise Natalie Davis eine Skandalgeschichte des 16. Jahrhunderts nacherzählt. Sie handelt von zwei Männern, die beide der gleiche Martin Guerre zu sein behaupteten. Jener war ein »verlorener Sohn« aus einem Dorf in Südfrankreich, der nach zehnjähriger Abwesenheit wiederkehrte und feststellen mußte, daß auf seinem Hof und im Bett seines Weibes ein anderer Mann seinen Platz eingenommen hatte. Die Autorin wählte diese außergewöhnliche Geschichte, um das Alltagsleben, die gesellschaftlichen Strukturen und die Art und Weise, wie die Dorfbewohner diese Strukturen erfuhren und wahrnahmen, zu beleuchten (Davis 1983). Natalie Davis' besondere Aufmerksamkeit galt Bertrande de Rols, der Gattin von Martin Guerre. Aus welchen Motiven akzeptierte sie den falschen Martin? Welche Begriffe von Ehre und Scham besaß eine Frau in diesem Milieu zu jener Zeit?

3. Natalie Davis ist eine führende Vertreterin der Frauengeschichte. Dieses Gebiet erfuhr in den sechziger und siebziger Jahren eine gewaltige Ausdehnung, nicht zuletzt dank der Frauenbewegung und der feministischen Theorie. Es gab eine Menge von Forschungsarbeiten mit häufig interdisziplinären Ansätzen, die hauptsächlich, wenn nicht ausschließlich von Historikerinnen durchgeführt wurden. Hier ging es um Themen wie die Geschichte der Frauenarbeit (Tilly und Scott 1978), die Beteiligung von Frauen an Bewegungen wie der Renaissance, der Aufklärung usw. (Kelly 1984; Spencer 1984). Aus theoretischem Blickwinkel interessanter ist die kontroverse Ansicht, diese historischen Perioden seien nur in der Geschichte der Männer von Wert, nun müsse man ganz neue Periodisierungen entwickeln (Kelly 1976).

Die Bemühung um die Frauengeschichte im letzten Jahrzehnt hat die Gewichte innerhalb der Sozialgeschichte verlagert, die man oft für die Geschichte aller Menschen ausgegeben hat, während sie in Wahrheit doch hauptsächlich den Männern ihre Aufmerksamkeit widmete. Gleichsam als Pendelbewegung dagegen hat man nun die Geschichte der Frauen ganz isoliert von der der Männer betrachtet. Heute dagegen interessiert man sich für die Geschichte der Geschlechtlichkeit, also nicht so sehr für die Geschichte von Männern und Frauen, sondern für die der veränderlichen Beziehungen zwischen ihnen, für die Arbeitsteilung zwischen den Geschlechtern, für die kulturelle Prägung der Rollen von Männern und Frauen in der Familie, bei der Arbeit und anderswo (Ortner und Whitehead 1981; Segalen 1980). Nach all diesen Debatten scheint der berühmte Slogan der siebziger Jahre »Geschichte von unten« nun problematischer als früher, denn inzwischen ist deutlich geworden, daß auch gewöhnliche Männer und Frauen keinen gemeinsamen Blickwinkel besaßen. Um einen Lieblingsausdruck feministischer Geschichtsschreibung zu benutzen: die Frauen sind endlich geschichtlich »sichtbar« geworden (Briedenthal und Koonz 1977).

4. Am erfolgreichsten war die neue Frauengeschichte, wenn es darum ging, traditionelle Sichtweisen radikal zu verändern, im Hinblick auf die Alltagsgeschichte, nicht aber wenn es um die Darstellung der Teilnahme von Frauen an außerordentlichen Ereignissen wie der Französischen oder der Russischen Revolution ging. Eines der beliebtesten historischen Schlagworte der achtziger Jahre war, vor allem in Deutschland, die »Alltagsgeschichte« (Kuczynski 1980). Die Alltagsgeschichte stellt gleichzeitig eine ganz neue und eine ganz alte Idee dar. Im weitesten Sinne entspricht sie ein-

fach der Sozialgeschichte. Daher kann es kaum überraschen, wenn der dänische Historiker Troels-Lund zwischen 1879 und 1901 eine »Alltagsgeschichte des Nordens« veröffentlichte, oder wenn der französische Verlag Hachette in den dreißiger Jahren eine populäre Serie zur Sozialgeschichte »la vie quotidienne« publizierte. Ja, auch die Geschichte der Mentalitäten, wie sie in Frankreich vor dem Zweiten Weltkrieg entwickelt wurde, unterschied sich von der traditionellen Geistesgeschichte durch ihr Interesse an den alltäglichen Gedanken gewöhnlicher Leute (vgl. oben sowie Raulff 1987). Das gleiche kann man hinsichtlich der sich rapide entwickelnden Geschichte der volkstümlichen Kultur behaupten (Burke 1978; van Dülmen und Schindler 1984).

Die neue Entwicklung der achtziger Jahre am Kreuzungspunkt zwischen Soziologie, Anthropologie, Philosophie und Geschichte stellte das wachsende Interesse an der Alltagsgeschichte in einem genaueren Sinne dar; es ging um die täglich sich wiederholenden Verrichtungen und ihre langsamen Veränderungen über lange Zeiträume hinweg. Ältere Werke zur Geschichte des Alltagslebens waren meist nur beschreibend, die jüngeren dagegen sind oftmals analytisch.

Ein überzeugendes Beispiel für den neuen Ansatz der Alltagsgeschichte stellt ein neueres Werk über die Bauerngesellschaften Südostasiens dar. Die Autoren sind Anthropologen und Historiker, die sich bewußt abgewandt haben von der Untersuchung so außerordentlicher Ereignisse wie Bauernrevolten. Statt dessen steht der »alltägliche Widerstand« gegen den Grundbesitzer und den Staat bei ihnen im Vordergrund des Interesses. Dieser Widerstand nimmt manchmal die sichtbare Form von Flucht und Brandstiftung an, häufig aber besteht er in fast unsichtbaren Handlungen wie kleinen

Diebstählen, Sabotage und »Beinstellen« oder mit anderen Worten darin, möglichst langsam und ineffektiv zu gehorchen (Scott 1985, 1986).

Ein weiteres Beispiel für einen neuen Ansatz der Alltagsgeschichte verdankt der Sozialtheorie des verstorbenen Michael De Certeau sehr viel. Er betonte die Kreativität einfacher Leute im Verlauf ihres gewöhnlichen Lebens sowie die aktive Aneignung und Transformation von Ideen und Dingen im Verlaufe dessen, was man häufig als passives Betrachten oder Konsumieren gesehen hat (De Certeau 1980). Nehmen wir als Beispiel das Lesen als alltägliche Aktivität. Es hat eine Geschichte in dem Sinne, daß die Menschen auf unterschiedliche Weise gelesen haben: langsam oder schnell, leise oder laut, in unterschiedlichen öffentlichen oder privaten Situationen (Chartier 1987; Darnton 1989). Im Mittelpunkt derartiger Untersuchungen steht der Prozeß, den Max Weber als *Veralltäglichung* bezeichnet hat, und der mehr Verästelungen besitzt, als er sich vorstellen konnte.

5. Eine Form der Alltagsgeschichte, die in letzter Zeit auf wachsendes Interesse gestoßen ist, stellt die Geschichte der materiellen Kultur dar. Zentrales Thema einer Anzahl von Untersuchungen war die kapitalistische Durchdringung des Alltagslebens. Dieser Prozeß wird ganz unterschiedlich beschrieben als Aufstieg des Marktes, Kommerzialisierung der Freizeit oder Geburt einer Konsumgesellschaft (McKendrick 1982; Sandgruber 1982; Mukerji 1983).

Besonders betont wurde dabei der wechselnde Gebrauch materieller Gegenstände, ihre wechselnde Bedeutung. Manche Theoretiker sprechen hier sogar von ihrer »kulturellen Biographie« (Kopytoff 1986). Nahrung, Kleidung und Wohnung wurden natürlich schon lange von Kulturhistorikern untersucht. Neu dagegen ist die Aufmerksamkeit, die man ihrer symbolischen Bedeutung widmet.

So war beispielsweise die Verschwendung ein Lieblingsthema von Soziologen und Sozialanthropologen von den Tagen Thorstein Veblens und Franz Boas' bis zu denen von Pierre Bourdieu (1979) und Mary Douglas (1980). Nun beschäftigte sich eine ganze Reihe von Historikern mit diesem Thema. Sie interessierten sich nicht nur für den Nutzen materieller Dinge im Kampf um die Aufrechterhaltung oder die Verbesserung des sozialen Status (Burke 1982), es ging auch um ihre Funktion bei der Schaffung einer kollektiven Identität für eine soziale Gruppe oder eine Nation. So wurde beispielsweise behauptet, das Gintrinken sei ein Mittel gewesen, die Werte des Londoner Plebs des 18. Jahrhunderts zum Ausdruck zu bringen und so dieser Gruppe (die noch keine Klasse war) eine Identität zu verschaffen (Medick 1982). Den Reinlichkeitsfanatismus der Niederländer dagegen, der im Europa des 17. Jahrhunderts ganz ungewöhnlich war, interpretierte man als Mittel, sich von den Nachbarn zu unterscheiden und so eine niederländische Nation zu schaffen (Schama 1987).

6. Auf dem Gebiet der materiellen Kultur nimmt die Geschichte des Essens und Trinkens eine Schlüsselstellung ein. Dabei kann das Schwergewicht der Betrachtung mal auf einer bestimmten Ware, wie dem Zucker in der Geschichte liegen (Mintz 1985), mal auf der kulturellen Bedeutung von Festen oder Fastenzeiten und mal auf den verschiedenen Arten der Zubereitung von Speisen (Bynum 1987; Mennell 1985). Von der Geschichte der Speisen ist es nur noch ein kleiner Schritt zur Geschichte des Körpers.

Die Geschichte des Körpers verdankt neueren Arbeiten

zur Soziologie und Anthropologie des Körpers sehr viel (Blacking 1977; Turner 1984), einiges aber auch der feministischen Theorie sowie der traditionelleren Soziologie und Medizingeschichte. Die wichtigsten und umstrittensten Beiträge stammen von Michel Foucault; mit seinen Werken über die körperlichen Disziplinierungen in Gefängnissen, Armeen, Schulen und Fabriken sowie seiner leider unvollendeten Geschichte der Sexualität hat er ein ganzes Regiment von Kritikern und Nachahmern inspiriert (Foucault 1985, 1976-84). Ein weiteres Gebiet, auf das neuere Untersuchungen sich konzentrieren, bildet das der körperlichen Hygiene. Inspiriert wurden sie häufig von Norbert Elias' klassischem Werk, das sich mit Taschentüchern und Selbstdisziplin beschäftigt; sie führten aber zu stärker relativistischen Begriffen von »Schmutz« und »Sauberkeit« und untersuchten beispielsweise wechselnde Vorstellungen von Nutzen und Gefahren des Badens (Vigarello 1975; Frykman und Löfgren 1987). Das Leben der Heiligen studierte man aus neuen Blickwinkeln und schenkte dabei solchen Phänomen wie nicht verwesenden Leichen und den Ähnlichkeiten zwischen dem Fasten heiliger Frauen und der modernen Magersucht besondere Aufmerksamkeit (Camporesi 1983; Bell 1987; Bynum 1987). Ein beträchtliches Interesse gilt auch der Geschichte von Gesundheit und Krankheit; es konzentriert sich auf wechselnde Vorstellungen von Ordnung und Unordnung des Körpers und mehr noch von Krankheit, einschließlich der Geisteskrankheit aus der Perspektive des Kranken (Macdonald 1981; Porter 1985, 1987, 1989). Wie auch auf anderen Gebieten zeigt sich hier das neue sozialgeschichtliche Interesse an der Sicht von unten und an der kulturellen Konstruktion der sozialen Wirklichkeit.

7. Von der Geschichte des Körpers ist der Schritt nicht mehr allzu groß zur Geschichte der Körpersprache und der Gestik. Im Gegensatz zu den weitverbreiteten Ansichten des britischen Verhaltensforschers Desmond Morris, der menschliche Gesten im wesentlichen biologisch erklärt (obwohl sein Werk Karten über regionale Unterschiede enthält), gehören Gesten eher in die Sphäre der Kultur als in die der Natur; sie bedürfen der Interpretation und unterliegen dem Wandel im Laufe der Zeit. Mit einer der bemerkenswertesten Leistungen der Alltagsgeschichte hat eine Gruppe von Historikern und Kunsthistorikern dies nachzuweisen begonnen (Schmitt 1984). So trat beispielsweise im mittelalterlichen Europa an die Stelle des Betens mit ausgebreiteten das Beten mit gefalteten Händen.

Da sie auf der Grenzlinie zwischen bewußtem und unbewußtem Tun liegen, widersetzen sich die Alltagsgesten stärker der historischen Interpretation, als dies die rituellen Gesten tun. Die Geschichte der Rituale habe ich in der ersten Auflage dieses Essays erörtert, aber im letzten Jahrzehnt wurde ihr mehr Aufmerksamkeit als je zuvor geschenkt. Die bereits erwähnten Beispiele aus Venedig waren Thema einer scharfsichtigen Monographie (Muir 1981). Die Historiker folgten währenddessen den Sozialanthropologen in ihren Bemühungen, über die funktionalistischen Interpretationen des Rituals hinaus fortzuschreiten und der Form, dem Idiom, der Sprache des Rituals größere Aufmerksamkeit zu schenken, auch der Art und Weise, wie die Zeitgenossen das Ritual beurteilten, ob sie es nun liebten oder haßten. Das Beispiel von Clifford Geertz in seiner Studie des »Theaterstaats« im Bali des 19. Jahrhunderts war in dieser Hinsicht besonders einflußreich (Geertz 1980; Burke 1986; Cannadine und Price 1987).

In der ersten Auflage dieses Werkes bemerkte ich mit einigem Bedauern, daß eine ernsthafte Beschäftigung mit der Sozialgeschichte der Sprache noch ganz in den Anfängen steckt. In den achtziger Jahren sieht in dieser Hinsicht die Lage ganz anders aus. Aufbauend auf den Begriffen und Theorien der Soziolinguisten und Ethnolinguisten (Hymes 1974; Trudgill 1974) gelang es einer Gruppe von Sozialhistorikern, dieses Gebiet des Alltagslebens zu einem Teil der Geschichte zu machen, indem sie sich mit verschiedenen Formen der Höflichkeit und der Beleidigung und sogar mit den Wandlungen der Bedeutungen des Schweigens beschäftigten (Bauman 1983). Einige von ihnen haben den sprachlichen Wandel als historische Quelle besonderer Art behandelt, als sensiblen Indikator sich wandelnder Beziehungen zwischen gesellschaftlichen Gruppen wie Herren und Dienern, Eltern und Kinder usw. (Barbagli 1984).

Andere Wissenschaftler, die sich mit diesen Fragen beschäftigten, seien es nun Soziologen oder Historiker, Anthropologen oder Literaturkritiker, behandeln die Sprache nicht als Widerspiegelung der Gesellschaft. Es ist sicher kein Zufall, daß bedeutsame Veränderungen der Alltagssprache, insbesondere bei der Anrede, sich im Verlaufe der Englischen, der Französischen und der Russischen Revolution ereigneten. Das egalitäre »Du« der Quäker, der *citoyen* und die *citoyenne* der Franzosen und der »Genosse« der Russen brachten symbolisch den Wunsch des Sprechenden zum Ausdruck, die gesellschaftliche Ordnung zu verändern (Bauman 1983; Hunt 1984). Die Zentralisierung in Frankreich nach 1789 war mit Versuchen verbunden, die Provinzler zu veranlassen, die Sprache der Hauptstadt zu sprechen (De Certeau 1975). Die Rhetorik der revolutionären Debatten diente der Aufgabe, die Gruppenidentität zu stärken oder sie sogar zu schaffen (Gumbrecht 1978).

8. Ein letztes Forschungsfeld soll hier erörtert werden, auf dem Soziologen, Anthropologen und Historiker aktiv sind und zusammenwirken; es wird häufig als »soziale Erinnerung« bezeichnet. Seine wichtigste Anregung erfuhr es durch das klassische Werk des französischen Soziologen Maurice Halbwachs über *Les cadres sociaux de la mémoire* (1925). Als es veröffentlicht wurde, lenkte Marc Bloch die Aufmerksamkeit seiner Historikerkollegen auf dieses Werk. Jedoch erst im letzten Jahrzehnt haben Historiker in systematischer Weise untersucht, wie verschiedene Gesellschaften sich der Vergangenheit erinnern; sie haben Feste, Museen, Denkmäler, Kriegerehrenmale und nicht zuletzt die Schriften von Historikern als Manifestationen einer institutionalisierten kollektiven Erinnerung untersucht, die eine wichtige Rolle spielten bei der Herausbildung der Identität von Nationen, religiösen Gruppen und sozialen Klassen (Nipperdey 1981; Nora 1984-87). Bei dem Versuch, einen zentralen Begriff der Historiker neu zu fassen, prägte Eric Hobsbawm den Begriff der »Erfindung der Tradition«, um das zu beschreiben, was andere als »Erinnerung« bezeichnen (Hobsbawm und Ranger 1983). Andere Wissenschaftler ziehen hier den Begriff der »Repräsentation« vor. Auf diesem Weg sind einige Historiker dahin gelangt, über die Soziologie oder Anthropologie der Geschichte selbst nachzudenken (White 1978; vgl. Sahlins 1985).

Es wäre ein leichtes, diese Liste von acht sich erweiternden Nebenfeldern zu ergänzen. Einige Leser werden sich, wie einige traditionell orientierte Historiker es bereits getan haben, fragen, was mit der politischen Geschichte geschehen ist oder geschehen wird. Die politische Geschichte, die einst im Zentrum der Geschichtswissenschaft stand, wurde um die Mitte des 20. Jahrhunderts zur Seite gedrängt, um Platz zu schaffen für die Wirtschafts-, Sozial- und Kulturgeschichte. Aber im letzten Jahrzehnt hat sie erneut ihren angestammten Platz beansprucht. Meiner Ansicht nach besteht die interessante Entwicklung nicht darin, daß die traditionelle politische Geschichte eine Wiederbelebung erfahren hat, sondern im »Einsickern« politischer Elemente in die oben dargestellten Arten von Geschichtsschreibung.

In diesen Fällen muß man den Begriff »politisch« in einem sehr umfassenden Sinn verwenden, der auch das umfaßt, was Foucault und andere als »Mikropolitik« bezeichnet haben. Hier geht es mit anderen Worten um die Politik des Alltags, um den Machtkampf innerhalb des Dorfes (Scott 1985, 1986), innerhalb der Familie (Segalen 1980) usw. Untersuchungen zur Sprachgeschichte betonen die »Politik der Sprache« (De Certeau 1985; Smith 1984). Untersuchungen über die materielle Kultur lenken die Aufmerksamkeit auf die »Politik der Werte« (Appadurai 1986). Arbeiten über die Volkskultur bedienen sich in wachsendem Maße der Begriffe von Antonio Gramsci und betonen die »kulturelle Hegemonie« von Eliten über die »beherrschten Klassen« (Guha 1980/86). Die Politik der zentralisierten Staaten wirkte sich ebenfalls auf das Alltagsleben aus, wie sich an Untersuchungen über das Dritte Reich zeigt (Broszat u.a.). Es führt also in die Irre, wenn man die Alltagsgeschichte als notwendigerweise unpolitisch kritisiert.

Die ehemals eindeutigen Unterschiede zwischen politischer Geschichte, Wirtschaftsgeschichte, Kulturgeschichte usw. lösen sich vor unseren Augen auf; das gleiche gilt für die

Unterschiede zwischen Geschichte, Soziologie, Anthropologie, Kunst- und Literaturwissenschaften. In wachsendem Maße stützen sich diese Disziplinen oder Ex-Disziplinen auf ein und denselben Korpus an Theorien – Bachtin, Bourdieu, Derrida, Elias, Foucault, Geertz, Habermas usw. Einige professionelle Historiker und Soziologen fühlen sich durch diese interdisziplinären Entwicklungen bedroht, die das kulturelle Fundament ihrer eigenen Disziplinen bloßlegen. Meinerseits begrüße ich diese Veränderungen, weil sie Schranken wegräumen, die die freie Zirkulation von Ideen innerhalb der Kulturwissenschaften behindern und das Grenzwächtertum umstoßen, das der große Kulturhistoriker Aby Warburg so scharf ablehnte, obwohl er persönlich sich ihm so erfolgreich entzog.

Bibliographie

P. Abrams (1982): Historical Sociology, Shepton Mallett

M. Adas (1979): Prophets of Rebellion, 2. Aufl., Cambridge 1987

B. Anderson (1983): Imagined Communities, London

P. Anderson (1974a): Passages from Antiquity to Feudalism, London (dt.: Von der Antike zum Feudalismus. Spuren der Übergangsgesellschaften, Frankfurt/M. 1978)

Ders. (1974b): Lineages of the Absolutist State, London (dt.: Die Entstehung des absolutistischen Staates, Frankfurt/M.)

A. Appadurai (Hg.) (1986): The Social Life of Things, Cambridge

P. Ariès (1960): L'Enfant et la vie familiale sous l'ancien régime, Paris (dt.: Geschichte der Kindheit, München 1978)

J. Armstrong (1982): Nations before Nationalism, Chapel Hill

S. Avineri (1968): Karl Marx on Colonialism, New York

G. Aylmer (1961): The King's Servants, London

Ders. (1973): The State's Servants, London

B. Bailyn (1960): Education in the Forming of American Society, Chapel Hill

M. Barbagli (1984): Sotto lo stesso tetto, Bologna

J. A. Barnes (1954): Politics in a Changing Society: A Political History of the Fort Jameson Ngoni, London

F. Barth (1959): Political Leadership among the Swat Pathans, London

R. Bauman (1983): Let Your Words be Few, Cambridge

H. Becker (1963): Outsiders, New York

D. Bell (1953): Crime as an American way of life, in: ders., The End of Ideology, New York 1960, S. 127-150

Q. Bell (1961): Conformity and nonconformity in the fine arts, in: S. M. Lipset/L. Lowenthal (Hg.), Culture and Social Character, New York, S. 389-403

R. Bell (1987): Holy Anorexia, Chicago
R. N. Bellah (1959): Durkheim and history, American Sociological Review, Bd. 24; wiederabgedruckt in: R. A. Nisbet (Hg.), Emile Durkheim, Englewood Cliffs 1965, S. 153-176
R. Bendix (1960): Max Weber. An Intellectual Portrait, New York (dt.: Max Weber. Das Werk. Darstellung, Analyse, Ergebnisse, München 1965)
Ders. (1967): The comparative analysis of historical change, in: T. Burns/S. B. Saul (Hg.), Social Theory and Economic Change, London; wiederabgedruckt in: R. Bendix/G. Roth (Hg.), Scholarship and Partisanship, Berkeley 1971, S. 207-224
R. Bendix/S. M. Lipset (1953): Karl Marx's theory of social classes, in: dies. (Hg.), Class, Status and Power, Glencoe, S. 26-35
P. Berger (1963): Invitation to Sociology, New York (dt.: Einladung zur Soziologie. Eine humanistische Perspektive, Freiburg i. Br. 1969)
L. K. Berkner (1972): The stem family and the developmental cycle of the household, in: American Historical Review, Bd. 76, S. 398-418
B. Bernstein (1970): Social Class, language and socialisation, in: ders., Class, Codes and Control, Bd. 1, London, S. 170-187 (dt.: Studien zur sprachlichen Sozialisation, Düsseldorf 1972)
N. Birnbaum (1955): Monarchs and Sociologists, in: Sociological Review, Bd. 3; wiederabgedruckt in: ders., Toward a Critical Sociology, New York 1971, S. 57-80
M. Blacking (Hg.) (1977): Anthropology of the Body, New York
M. Bloch (1923): Les Rois thaumaturges, Paris
Ders. (1928): Pour une histoire comparée des sociétés européennes, in: Revue de synthèse historique (engl. in: ders., Land and Work in Mediaeval Europe, London 1967, S. 44-76)
Ders. (1939-40): La Société féodale, 2 Bde., Paris (dt.: Die Feudalgesellschaft, Berlin 1982)
G. Bois (1976): Crise du féodalisme, Paris
P. Bois (1960): Paysans de l'ouest, Paris
J. Boissevain (1966): Patronage in Sicily, in: Man, Bd. 1, S. 18-31

J. Bossy (1975): The English Catholic Community 1570-1850, London
P. Bourdieu (1972): Esquisse d'une théorie de la pratique, Paris (dt.: Entwurf einer Theorie der Praxis, Frankfurt/M. 1976)
Ders. (1979): La distinction, Paris (dt.: Die feinen Unterschiede. Kritik der gesellschaftlichen Urteilskraft, Frankfurt/M. 1982)
Ders./J. C. Passeron (1970): La Réproduction sociale, Paris
F. Braudel (1949): La Méditerranée et le monde méditerranéen à l'époque Philippe II, Paris
Ders. (1955): Histoire et sociologie, in: ders., Ecrits sur l'Histoire, Paris 1969, S. 97-121
Ders. (1958): Histoire et sciences sociales, in: Annales ESC, Bd. 13 (engl. in: P. Burke (Hg.), Economy and Society in Early Modern Europe, London 1972, S. 11-40)
R. Briedenthal/C. A. Koonz (1977): Becoming visible. Women in European history, Boston
R. Brown (1977): A Poetic for Sociology, Cambridge
P. Burke (1972): Culture and Society in Renaissance Italy, London (dt.: Die Renaissance in Italien. Sozialgeschichte einer Kultur zwischen Tradition und Erfindung, Berlin 1984)
Ders. (1974): Venice and Amsterdam, London
Ders. (1978): Popular Culture, London
Ders. (1986): Städtische Kultur in Italien zwischen Hochrenaissance und Barock, Berlin
Ders. (1989): Historical Narrative, in: ders. (Hg.), New Perspectives on Historical Writing, Cambridge
J. Burrow (1966): Evolution and Society, Cambridge
C. Bynum (1987): Holy Feast and Holy Fast, Berkeley
W. Cahnmann/A. Boskoff (1964): Sociology and History, Glencoe
P. Camporesi (1983): Il carne impassibile, Mailand
D. Cannadine/S. Price (Hg.) (1987): Rituals of Royalty, London
B. Castiglione (1528): Il Cortegiano, Venedig
F. S. Chapin (1935): Contemporary American Institutions, New York
R. Chartier (1987): Lectures et lecteurs, Paris
D. L. Clarke (1968): Analytic Archaeology, London

J. Clifford/G. Marcus (Hg.) (1986): Writing Culture, Berkeley
T. C. Cochran (1953): Railroad Leaders, 1845-1890, Cambridge, Mass.
B. S. Cohn (1961): From Indian status to British contract, in: Journal of Economic History, Bd. 21, S. 613-628
Ders. (1962): An anthropologist among the historians, in: South Atlantic Quarterly, Bd. 61, S. 13-28
N. Cohn (1975): Europe's Inner Demons, London (dt.: Das neue irdische Paradies. Revolutionärer Millenarismus und mystischer Anarchismus im mittelalterlichen Europa, Reinbek 1988)
R. G. Collingwood (1935): Human nature and human history, in: ders., The Idea of History, Oxford 1946, S. 205-231
S. Collini (1978): Sociology and idealism in Britain 1880-1920, in: European Journal of Sociology, Bd. 10, S. 3-50
A. Comte (1864): Cours de Philosophie Positive, Bd. 5, Paris (dt.: Die Soziologie. Die positive Philosophie im Auszug, 2. Aufl., Stuttgart 1974)
M. Couturier (1969): Recherches sur les structures sociales de Châteaudun, Paris
R. Dahrendorf (1957): Soziale Klassen und Klassenkonflikt in der industriellen Gesellschaft, Hamburg
R. Darnton (1984): The Great Cat Massacre, New York
Ders. (1989): Steps Toward a History of Reading, in: P. Burke (Hg.) (1989)
A. Daumard/F. Furet (1961): Structures et relations sociales á Paris, Paris
N. Z. Davis (1971): The Reasons of Misrule, in: Past and Present, Nr. 50; wiederabgedruckt in: dies., Society and Culture in Early Modern France, London 1975, S. 97-123
N. Davis (1983): The Return of Martin Guerre, Harvard
M. De Certeau/J. Revel/D. Julia (1976): Une politique de la langue, Paris
M. De Certeau (1980): L'invention du quotidien, Paris
G. M. Dening (1971-73): History as a social system, in: Historical Studies, Bd. 15, S. 673-685

V. K. Dibble (1960-61): The comparative study of social mobility, in: Comparative Studies in Society and History, Bd. 3, S. 315-319
W. Dilthey (1883): Einleitung in die Geisteswissenschaften, Leipzig
A. P. Donajgrodzki (1977): Social Control in Nineteenth-Century Britain, London
M. Douglas/B. Isherwood (1980): The World of Goods, New York
G. Duby (1968): The diffusion of cultural patterns in feudal society, in: Past und Present, Nr. 39, S. 1-10
Ders. (1978): Les Trois Ordres, Paris (dt.: Die drei Ordnungen. Das Weltbild des Feudalismus, Frankfurt/M. 1981)
R. van Dülmen/N. Schindler (Hg.) (1984): Volkskultur, Frankfurt/M.
E. Durkheim (1893): De la Division du travail social, Paris
Ders. (1895): Les Règles de la méthode sociologique, Paris (dt.: Die Regeln der soziologischen Methode, Frankfurt/M. 1984)
S. N. Eisenstadt (1963): The Political Systems of Empires, Glencoe
Ders. (1973): Tradition, Change and Modernity, New York (dt.: Tradition, Wandel und Modernität, Frankfurt/M. 1978)
N. Elias (1939): Über den Prozeß der Zivilisation, 2 Bde., Basel
G. R. Elton (1967): The Practice of History, London
K. T. Erikson (1970): Sociology and the historical perspective, in: The American Sociologist, Bd. 5, S. 331-338
E. E. Evans-Pritchard (1937): Witchcraft, Oracles and Magic among the Azande, Oxford (dt.: Hexerei, Orakel und Magie bei den Zande, Frankfurt/M. 1978)
L. Febvre (1942): Le Problème de l'incroyance au 16e siècle, Paris
G. Foster (1960): Culture and Conquest, Chicago
M. Foucault (1961): Folie et déraison, Paris (dt.: Wahnsinn und Gesellschaft. Eine Geschichte des Wahns im Zeitalter der Vernunft, Frankfurt/M. 1973)
Ders. (1975): Surveiller et punir, Paris (dt.: Überwachen und Strafen. Die Geburt der Gefängnisse, Frankfurt/M. 1976)
Ders. (1976-84): Histoire de la sexualité, Paris (dt.: Sexualität und Wahrheit, 3 Bde., Frankfurt/M. 1983-1986)

A. G. Frank (1967): Capitalism and Underdevelopment in Latin America, New York (dt.: Kapitalismus und Unterentwicklung in Lateinamerika, Frankfurt/M. 1976)
G. Freyre (1959): Ordem e Progresso, Rio de Janeiro
J. Frykman/O. Löfgren (1987): Culture Builders, Rutgers
M. Fulbrook (1983): Piety and Politics, Cambridge
A. Furetière (1666): Le Roman bourgeois, in: A. Adam (Hg.), Romanciers du 17e siècle, Paris 1958, S. 900-1104
C. Geertz (1980): Negara, Princeton
E. Gellner (1958): Time and theory in social anthropology, in: ders., Cause and Meaning in the Social Sciences, London 1973, S. 88-106
Ders. (1983): Nations and Nationalism, London
Ders. (1988): Plough, Sword and Book, London
A. Gershenkron (1951): Economic backwardness in historical perspective, in: ders., Economic Backwardness in Historical Perspective, Cambridge, Mass., 1962, S. 5-30
G. Giddens (1984): The Constitution of Society, Cambridge (dt.: Die Konstitution der Gesellschaft, Frankfurt/M. 1988)
F. Gilbert (1965): The professionalisation of history, in: J. Higham (Hg.), History, Englewood Cliffs, S. 320-339
J. Gillis (1971): The Prussian Bureaucracy in Crisis, 1840-60, Stanford
M. Ginsberg (1958): Social change, in: British Journal of Sociology, Bd. 9, S. 205-228
C. Ginzburg (1976): Il formaggio (dt.: Der Käse und die Würmer, Frankfurt/M. 1979)
M. Gluckman (1955): Custom and Conflict in Africa, Oxford
E. Goffman (1958): The Presentation of Self in Everyday Life, New York (dt.: Wir alle spielen Theater. Die Selbstdarstellung im Alltag, München 1969)
L. Goldmann (1955): Le Dieu caché, Paris (dt.: Der verborgene Gott. Studien über die tragische Weltanschauung in den Pensées Pascales und im Theater Racines, Frankfurt/M. 1984)
J. Goody (1958): The Development Cycle in Domestic Groups, Cambridge

Ders. (1983): The Development of the Family and Marriage in Europe, Cambridge (dt.: Die Enstehung von Ehe und Familie in Europa, Berlin 1986)
R. Guha (Hg.) (1980-86): Subaltern Studies, Neu Delhi
H. U. Gumbrecht (1978): Funktionen parlamentarischer Rhetorik in der französischen Revolution, München
A. Gurevich (1972): Kategorii Srednevekovoj Kul'tury, Moskau (dt.: Das Weltbild des mittelalterlichen Menschen, München 1980)
J. Hall (1985): Powers and Liberties, Oxford
K. Hastrup (1985): Culture and History in Medieval Iceland, Oxford
D. Hay (1975): Property, Authority and the Criminal Law, in: D. Hay u. a. (Hg.), Albion's Fatal Tree, London, S. 17-63
J. Heers (1974): Les Clans familiaux au moyen âge, Paris
J. Hexter (1955): A new framework for social history, in: ders., Reappraisals in History, London 1961, S. 14-25
R. H. Hilton (1976): The Transition from Feudalism to Capitalism, London
O. Hintze (1897): Der individuelle und der kollektivistische Ansatz in der Geschichtswissenschaft, in: ders, Gesammelte Abhandlungen, Bd. 2: Soziologie und Geschichte. Abhandlungen zur Soziologie, Politik und Theorie der Geschichte, 3. Aufl., Göttingen 1982
Ders. (1919): Der ›Commissarius‹ und seine Bedeutung in der europäischen Geschichte, in: Ebda.
E. J. Hobsbawm (1971): Class consciousness in history, in: I. Mészáros (Hg.): Aspects of History and Class Consciousness, London, S. 5-19
Ders. (1971b): From social history to the history of society, in: Daedalus, Winter, S. 20-43
Ders./T. Ranger (Hg.) (1983): The Invention of Tradition, Cambridge
R. Hofstadter (1968): History and sociology in the US, in: S. M. Lipset/R. Hofstadter (Hg.), Sociology and History, New York, S. 3-18

K. Hopkins (1978): Conquerors and Slaves, Cambridge
L. Hunt (1984): Politics, Culture and Class in the French Revolution, Berkeley
D. Hymes (1974): Foundations in Sociolinguistics, New York (dt.: Soziolinguistik. Zur Ethnographie der Kommunikation, Frankfurt/M. 1979)
G. Iggers (1975): New Directions in European Historiography, Middletown, Conn.
G. S. Jones (1976): From historical sociology to theoretical history, in: British Journal of Sociology, Bd. 27, S. 295-305
J. Kelly (1976): Did Women have a Renaissance, in: dies. (1984)
Dies. (1984): Women, History and Theory, Chicago
F. W. Kent (1977): Household and Lineage in Renaissance Florence, Princeton
J. Kocka (1973): Klassengesellschaft im Krieg, Berlin
H. G. Koenigsberger (1974): Review of Stone (1972), in: Journal of Modern History, Bd. 46, S. 99-106
I. Kopytoff (1986): The Cultural Biography of Things, in: A. Appadurai (1986)
E. A. Kosminsky (1935): Studies in the Agrarian History of England, Oxford
J. Lander (1969): Conflict and Stability in Fifteenth-Century England, London
V. Lanternari (1960): Movimenti religiosi di libertà, Rom
Ders. (1966): Désintégration culturelle et processus d'acculturation, in: Cahiers internationaux de sociologie, Bd. 41, S. 117-132
P. Laslett (1968): History and the social sciences, in: D. L. Sills (Hg.), Encyclopaedia of the Social Sciences, New York
Ders. (1972): Household and Family in Past Time, Cambridge
E. Leach (1954): Political Systems of Highland Burma, London
G. Le Bras (1955-56): Etudes de sociologie religieuse, 2 Bde., Paris
J. Le Goff (1974): Faire l'histoire, 3 Bde., Paris
F. Le Play (1871): L'Organisation de la famille, Paris
E. Le Roy Ladurie (1966): Les Paysans de Languedoc, Paris (dt.: Die Bauern des Languedoc, Stuttgart 1983)

Ders. (1972): The ›event‹ and the ›long term‹ in social history, in: The Territory of the Historian, Hassocks 1979, S. 111-131
Ders. (1975): Montaillou. Ein Dorf vor dem Inquisitor, Berlin 1983
G. Levi (1985): L'eredità immateriale, Turin
S. M. Lipset/R. Bendix (1959): Social Mobility and Industrial Society, Berkeley
P. C. Lloyd (1968): Conflict Theory and Yoruba Kingdoms, in: I. M. Lewis (Hg.), History and Social Anthopology, London, S. 25-58
S. Lukes (1973): Emile Durkheim, London
M. Macdonald (1981): Mystical Bedlam, Cambridge
A. Macfarlane (1970): Witchcraft in Tudor and Stuart England, London
Ders. (1978): The Origins of English Individualism, Oxford
K. B. Macfarlane (1943-45): Bastard feudalism, in: Bulletin of the Institute of Historical Research, Bd. 20, S. 161-180
N. McKendrick (Hg.) (1982): The Birth of Consumer Society, London
W. H. McNeill (1964): Europe's Steppe Frontier, Chicago
F. W. Maitland (1897): Domesday Book and Beyond, London
B. Malinowski (1926): Myth in primitive psychology, in: ders., Magic, Science and Religion, New York 1954, S. 93-148 (dt.: Magie, Wissenschaft und Religion, Frankfurt/M. 1973)
Ders. (1946): Dynamics of Culture Change, New York
M. Mann (1986): The Sources of Social Power, Cambridge
K. Mannheim (1936): Ideologie und Utopie, 7. Aufl., Frankfurt/M. 1985
A. Marwick (1965): The Deluge. British Society and the First World War, London
M. Mauss (1925): Essai sur le don, Paris (dt.: Die Gabe. Über Formen und Funktionen in archaischen Gesellschaften, Frankfurt/M. 1968)
H. Medick (1982): ›Plebejische Kultur‹, in: R. Berdahl u. a. (Hg.), Klassen und Kultur, Frankfurt/M.
C. Meier (1980): Die Entstehung des Politischen bei den Griechen, Frankfurt/M.

S. Mennell (1985): All Manners of Food, Oxford (dt.: Die Kultivierung des Appetits. Die Geschichte des Essens vom Mittelalter bis heute, Frankfurt/M. 1988)
R. Merton (1948): Manifest und latent functions, in: ders., Social Theory and Social Structure, New York 1968, S. 19-82
Ders. (1949): Social structure and anomie, ebda., S. 121-160
C. W. Mills (1959): The Sociological Imagination, New York (dt.: Kritik der soziologischen Denkweise, Neuwied 1963)
S. Mintz (1985): Sweetness and Power, New York (dt.: Die süße Macht. Kulturgeschichte des Zuckers, Frankfurt/M. 1987)
A. Momigliano (1970): The ancient city, in: ders., Essays in Ancient and Modern Historiography, Oxford 1977, S. 325-340
W. J. Mommsen (1974): The Age of Bureaucracy: Perspectives on the Political Sociology of Max Weber, Oxford
B. Moore (1966): Social Origins of Dictatorship and Democracy, Boston, Mass. (dt.: Soziale Ursprünge von Diktatur und Demokratie, Frankfurt/M. 1969)
J. A. Moses (1975): The Politics of Illusion: The Fischer Controversy in Modern German Historiography, Santa Lucia
R. Mousnier (1964): Problèmes de méthode dans l'étude des structures sociales, in: ders., La Plume, la faucille et le marteau, Paris 1970, S. 12-26
Ders. (1969): Les Hiérarchies sociales, Paris
R. Muchembled (1978): Culture populaire et culture des élites, Paris
E. Muir (1981): Civic Ritual in Renaissance Venice, Princeton
C. Mukerji (1983): From Graven Images, New York
J. E. Neale (1948): The Elizabethan political scene, in: ders., Essays in Elizabethan History, London 1958, S. 59-84
W. C. Neale (1957): Reciprocity and redistribution in the Indian Village, in: K. Polanyi (Hg.), Trade and Market in the Early Empires, New York, S. 218-235
T. Nipperdey (1972): Verein als soziale Struktur in Deutschland, in: ders., Gesellschaft, Kultur, Theorie, Göttingen 1976, S. 174-205
R. A. Nisbet (1969): Social Change and History, New York
P. Nora (Hg.) (1984-87): Les Lieux de mémoire, Paris

S. Ortner/H. Whitehead (Hg.) (1981): Sexual Meanings, Cambridge
S. Ossowski (1957): Die Klassenstruktur im sozialen Bewußtsein, Neuwied 1962
S. Ottenberg (1959): Ibo receptivity to change, in: W. Bascom/M. J. Herskovits (Hg.), Continuity and Change in African Cultures, Chicago, S. 130-143
M. Ozouf (1976): La Fête révolutionnaire, Paris
V. Pareto (1916): Trattato di sociologia generale, 2 Bde., Florenz
F. Parkin (1971): Class Inequality and Political Order, London
V. J. Parry (1969): Elite elements in the Ottoman Empire, in: R. Wilkinson (Hg.), Governing Elites, London 1969, S. 59-73
H. Perkin (1953-54): What is social history?, in: Bulletin of the John Rylands Library, Bd. 36, S. 56-74
C. Phythian-Adams (1972), Ceremony and the citizen, in: P. Clarke/P. Slack (Hg.), Crisis and Order in English Towns, London, S. 57-80
H. Ping-Ti (1958-59): Aspects of social mobility in China, in: ders., Comparative Studies in Society and History, Bd. 1, S. 330-359
X. de Planhol (1972): Historical geography in France, in: A. R. H. Baker (Hg.), Progress in Historical Geography, Newton Abbot, S. 29-44
B. Porschnew (1948): Narodnye vosstanija vo Francii pered Frondoj (frz.: Les Soulèvements populaires en France, Paris 1963)
R. Porter (Hg.) (1985): Patients and Practitioners, Cambridge
Ders. (1987): Mind-Forg'd Manacles, London
Ders. (1989): The History of the Body, in: P. Burke (Hg.) (1989)
M. M. Postan (1972): The Mediaeval Economy and Society, London
O. Ranum (1963): Richelieu and the Councillors of Louis XIII, Oxford
U. Raulff (Hg.) (1987): Mentalitäten-Geschichte, Berlin
W. Reddy (1987): Money and Liberty in Modern Europe, Cambridge
F. J. Roethlisberger/W. J. Dickson (1941): Management and the Worker, Cambridge

H. Rosenberg (1958): Bureaucracy, Aristocracy and Autocracy: The Prussian Experience, 1660-1815, Cambridge, Mass.
W. W. Rostow (1960): The Stages of Economic Growth, Cambridge (dt.: Stadien wirtschaftlichen Wachstums, Göttingen 1960)
G. Roth (1976): History and sociology in the work of Max Weber, in: British Journal of Sociology, Bd. 27, S. 306-316
L. I. Rudolph/S. H. Rudolph (1968): The political modernisation of an Indian feudal order, in: Journal of Social Issues, Bd. 4, S. 93-126
A. J. C. Rüter (1956): Introduction, in: International Review of Social History, Bd. 1, S. 1-4
M. Sahlins (1981): Historical Metaphors and Mythical Realities, Ann Arbor
Ders. (1985): Islands of History, Ann Arbor
R. Sandgruber (1982): Die Anfänge der Konsumgesellschaft, Wien
S. Schama (1987): The Embarrassment of Riches, London (dt.: Überfluß und schöner Schein. Zur Kultur der Niederlande im Goldenen Zeitalter, München 1988)
J. C. Schmitt (Hg.): (1984): Gestures, in: History and Anthropology, Nr. 1
H. K. Schneider (1959): Pakot resistance to change, in: W. Bascom/ M. J. Herskovits (Hg.): Continuity and Change in African Cultures, Chicago, S. 144-167
G. Schochet (1975): Patriarchalism in Political Thought, Oxford
J. Scott (1985): Weapons of the Weak, New Haven
Ders. (Hg.) (1986): Peasant Resistance, New Haven
M. Segalen (1980): Mari et femme dans la société paysanne, Paris
W. Sewell (1980): Work and Revolution in France, Cambridge
E. Shils/M. Young (1953): The meaning of the coronation, in: Sociological Review, Bd. 1, Nr. 2, S. 63-80
E. Shorter (1971): The Historian and the Computer, Toronto
G. Sider (1986): Culture and Class in Anthropology and History, New York
F. Simiand (1903): Méthode historique et science sociale, in: Revue

de Synthèse Historique, wiederabgedruckt in: Annales ESC, Bd. 15, 1960, S. 83-119
T. Skidmore (1964): Gilberto Freyre and the early Brazilian Republic, in: Comparative Studies in Society and History, Bd. 2, S. 490-505
T. Skocpol (1979): States and Revolutions, Cambridge
A. D. Smith (1986): The Ethnic Origins of Nations, London
O. Smith (1984): The Political Language 1791-1815, Oxford
H. Spencer (1904): An Autobiography, London
S. Spencer (Hg.) (1984): French Women and the Age of Enlightenment, Bloomington
G. Stedman Jones (1983): Languages of Class, Cambridge
L. Stone (1966): Social mobility in England, 1500-1700, in: Past and Present, Nr. 33, S. 16-55
Ders. (1972): The Causes of the English Revolution, London
Ders. (1979): The revival of narrative, in: Past and Present
T. N. Tentler (1974): The summa for confessors as an instrument of social control, in: C. Trinkaus/H. Oberman (Hg.), The Pursuit of Holiness in Late Medieval and Renaissance Religion, Leiden
K. V. Thomas (1971): Religion and the Decline of Magic, London
K. Thomas (1983): Man and the Natural World, London
E. P. Thompson (1963): The Making of the English Working Class, London (dt.: Die Entstehung der englischen Arbeiterklasse, 2 Bde., Frankfurt/M. 1987)
Ders. (1972): Rough music, in: Annales ESC, Bd. 27, S. 285-310
Ders. (1975): Whigs and Hunters, London
Ders. (1978): Class struggle without class, in: Journal of Social History, Bd. 3, S. 133-165
F. M. L. Thompson (1963): English Landed Society in the Nineteenth Century, London
P. Thompson (1975): The Edwardians, London
C. Tilly (1964): The Vendée, London
Ders. (1975): Reflections on the history of European state-making, in: ders. (Hg.), The Formation of National States in Western Europe, Princeton, S. 3-83

L. Tilly/J. Scott (1978): Women, Work and Family, New York
E. Todd (1985): La troisième planète, Paris
P. Trudgill (1974): Sociolinguistics, Harmondsworth
B. Turner (1984): The Body and Social Theory, London
R. Turner (1974): Ethnomethodology, Harmondsworth
T. Veblen (1899): Theory of the Leisure Class, New York (dt.: Theorie der feinen Leute. Eine ökonomische Untersuchung der Institutionen, Köln/Berlin 1958)
P. Veyne (1976): Le pain et le cirque, Paris
G. Vigarello (1985): Le propre et la sale, Paris (dt.: Wasser und Seife, Puder und Parfüm. Geschichte der Körperhygiene seit dem Mittelalter, Frankfurt/M. 1988)
P. Vinogradoff (1892): Villeinage in England, Oxford
M. Vovelle (1973): Piété baroque et déchristianisation en Provence au 18e siècle, Paris
N. Wachtel (1971): La vision des vaincus. Les Indiens du Péron devant la Conquête espagnole, Paris
I. Wallerstein (1974): The Modern World System, New York (dt.: Das moderne Weltsystem. Kapitalistische Landwirtschaft und die Entstehung der europäischen Weltwirtschaft im 16. Jahrhundert, Frankfurt/M. 1986)
M. Weber (1921): Wirtschaft und Gesellschaft, 5. Aufl., Tübingen 1980
L. White (1962): Mediaeval Technology and Social Change, London
H. White (1978): Tropics of Discourse, Baltimore
R. Williams (1977): Marxism and Literature, London
B. R. Wilson (1966): Religion in Secular Society, London
W. Windelband (1894): Geschichte und Naturwissenschaft, Berlin
E. Wolf (1982): Europe and the People without History, Berkeley (dt.: Die Völker ohne Geschichte. Europa und die andere Welt seit 1400, Frankfurt/M. 1986)
B. Wootton (1959): Social Science and Social Pathology, London
E. A. Wrigley (1972-73): The process of modernisation and the Industrial Revolution in England, in: Journal of Interdisciplinary History, Bd. 3, S. 225-259

Ricardo E. Latcham

Die Kriegskunst der Araucanos

Chiles Ureinwohner gegen die Conquista

Herausgegeben und eingeleitet
von Ralf Seiffert
Mit einem Beitrag von Paulo Suess

Seit der spanischen Eroberung kämpft die ursprüngliche Bevölkerung Chiles, das Volk der Araucanos, um ihr Überleben, ihr Land und ihre kulturelle Autonomie – von den Tagen der Conquista bis zum Widerstand der Mapuche gegen Pinochet. Der Ethnologe Ricardo E. Latcham schildert ihren geschickten und erfolgreichen Kampf auf der Grundlage zeitgenössischer Quellen.

»Ihre Kavallerie ist die beste, die man kennt. Die Reiter brüsten sich damit, daß sie schon seit ihrer frühesten Kindheit zu Pferde reiten können und bereits mit Waffen ausgebildet werden, mit denen sie später in die Feldschlacht ziehen sollen. Dies habe ich geantwortet, als ich im Parlament befragt wurde, wieso wir es den Indianern gestatten, sich an unseren Grenzen gerade so, wie es ihnen in den Sinn kommt, zusammenzurotten, damit sie dort unbehelligt einfallen, ohne mehr an Proviant mit sich zu führen als einen Tornister mit geröstetem Maismehl, von dem sie sich zwanzig bis dreißig Tage ernähren können, so daß sie dieselbe Zeit von zu Hause weg und im Feldzuge bleiben können.«
(Diego di Vivanco, Hauptmann der Lanzenkavallerie)

Sammlung Junius

Hans-Martin Lohmann

Geisterfahrer

Blanqui, Marx, Adorno & Co
22 Portraits der europäischen Linken

Aus biographischen Essays entsteht ein Kaleidoskop der Gesellschaftskritik im 19. und 20. Jahrhundert, das vielfältige Facetten eines gemeinsamen Traumes von besseren Verhältnissen beleuchtet. Die Sozialrevolutionärin ist hier ebenso vertreten wie der praktische Politiker, der Philosoph und die Feministin, der Kunsthistoriker und der Ethnologe, der Schriftsteller und der Psychoanalytiker. Bei allen Unterschieden im einzelnen wird in den 22 Lebensläufen dennoch das Verbindende deutlich: die Faszination eines Schwimmens gegen den Strom.

Aus dem Inhalt:

Sozialismus und Frauenbewegung. Der Weg Clara Zetkins
Ein deutscher Mandarin. Werner Sombart
Der Philosoph und die Politik. Die Selbstenthüllungen Ernst Blochs
Der Diskrepanz-Philosoph. Günther Anders
Philosophie der Subjektivität. Theodor W. Adorno
Weggenossenschaft. Jean-Paul Sartre und der Parteikommunismus
Psychoanalyse als Aufklärung. Zum Tode Alexander Mitscherlichs
Zwischen den Stühlen. Jean Améry
Eine Deutsche auf Widerruf. Margarete Mitscherlich
Ein deutsches Trauma. Erinnerung an Peter Brückner
Der Kampf gegen das Vergessen. Zu einem Porträt Jorge Sempruns
Der Schmerz der Niederlage. Rossana Rossanda

Spurensicherung Band 1

Kunsttheoretische Nachforschungen über
Max Raphael, Sergej Eisenstein,
Viktor Schklowskij, Raoul Hausmann

Herausgegeben und eingeleitet
von Alfred Paffenholz

Von neuem Denken und vom Arbeiten mit neuen Techniken und Materialien in der Kunst handeln die in diesem Band versammelten Essays. Was die einzelnen Beiträge verbindet, ist das Nachdenken über Methoden der Kunstproduktion. Dabei werden die Raumerlebnisse und -gestaltungen, wie sie Picasso und Braque zum Thema ihrer Kunst gemacht haben, aufgrund der Studien Raphaels ebenso erörtert wie das »Prinzip Montage«, das für Eisenstein, Schklowskij und Hausmann in Theorie und Praxis bedeutsam war.

Sammlung Junius

Gracchus Babeuf

Die Verschwörung füe die Gleichheit

Rede über die Legitimität des Widerstands

Herausgegeben und eingeleitet
von John Anthony Scott
Mit Essays von Herbert Marcuse und Albert Soboul

Dieser Band enthält Babeufs heute noch aktuelle Rede über ›wahre‹ Demokratie, Volkssouveränität und Widerstandsrecht gegen etablierte Autorität, gehalten vor dem Sondergericht in Vendôme 1797. Mit dieser Rede verteidigte sich der Verfechter einer egalitären Gesellschaft gegen die Anklage der Subversion, nachdem er im Jahr zuvor die »Verschwörung für die Gleichheit« organisiert hatte.

»Er tat dies, indem er sich gegen die Regeln der repräsentativen Demokratie auf die direkte Demokratie berief, gegen die (scheinbare) Souveränität des Volkes auf dessen wahres Interesse. Diese Strategie gründet sich in Babeufs Verteidigung auf den Gedanken, daß das Volk, welches seine Verfassung und seine Vertreter wählt, nicht notwendig das souveräne Volk ist, daß sein zum Ausdruck gebrachter Wille nicht notwendig sein autonomer Wille ist, und daß seine freie Wahl nicht unbedingt gleich Freiheit ist.«
(Herbert Marcuse)

Sammlung Junius

PAUL LAFARGUE

DIE FRANZÖSISCHE SPRACHE VOR UND NACH DER REVOLUTION
DIE ANFÄNGE DER ROMANTIK

Herausgegeben und eingeleitet
von Jürgen Baumgarten

Paul Lafargue (1842-1911), französischer Sozialist, Essayist, Satiriker, untersucht die Auswirkungen der Revolution von 1789 in Sprache und Literatur. Die Veränderungen in der französischen Sprache stehen für Wandlungen im Bewußtsein einer Nation.

Im Essay über die Anfänge der Romantik berührt Lafargue einen Wendepunkt in der Geistesgeschichte Frankreichs. Am Beispiel Chateaubriands skizziert er den Umschlag vom Vernunft- und Fortschrittsglauben der Aufklärung in die ›irrationalistische‹, ›individualistische‹ Gegenströmung der romantischen Schule.

»Die Politik hatte die Parlamentssprache geschaffen; der Sinn für Natur, Liebe und Empfindsamkeit sollte nun seinerseits eine Sprache für seine Zwecke bilden. Chateaubriand entwickelte die romantische Literatursprache und brachte mit *Atala* und *René* in künstlerischer Form die wichtigsten sozialpsychologischen Charakterzüge der Zeit auf den Begriff.«

(Paul Lafargue)

SAMMLUNG JUNIUS

Bernard de Fontenelle

Gespräche im Elysium

Bernard de Fontenelle (1657-1757), Schriftsteller und Philosoph der frühen Aufklärung, läßt in diesem Buch die unterschiedlichsten Persönlichkeiten, die einander im wirklichen Leben nie begegnet wären, Gespräche im Totenreich führen.

Homer und Äsop plaudern über Dichtung und Wahrheit, Sappho und Laura über Angriff und Verteidigung in der Liebe, Montaigne und Sokrates streiten über Geist und Moral in Antike und Moderne; insgesamt 36 höchst ersprießliche Begegnungen. Den geistreichen, sprachlich geschliffenen Dialogen gehen einleitende Worte von Werner Langer voraus, die die Gesprächspartner und ihr Werk in ihrem gesellschaftlich-philosophischen Zusammenhang vorstellen.

Sammlung Junius

Junius Verlag GmbH
Stresemannstraße 375
D-2000 Hamburg 50

Titel der englischen Ausgabe:
Sociology and History
1980 George Allen & Unwin, London

Einbandgestaltung: Johannes Hartmann, Hamburg
Satz: Junius Verlag, Hamburg
Druck: SOAK GmbH, Hannover
Printed in Germany
ISBN 3-88506-410-3
Erste Auflage April 1989

Aus dem Englischen von Johanna Friedman

CIP-Titelaufnahme der Deutschen Bibliothek
Burke, Peter:
Soziologie und Geschichte/Peter Burke.
[Aus d. Engl. von Johanna Friedman].
— 1. Aufl. — Hamburg: Junius-Verl., 1989
(Sammlung Junius; 10)
Einheitssacht.: Sociology and history ‹dt.›
ISBN 3-88506-410-3
NE: GT